Resa von Schirnhofer

Vergleich zwischen den Lehren Schellings und Spinozas

Resa von Schirnhofer

Vergleich zwischen den Lehren Schellings und Spinozas

ISBN/EAN: 9783743668478

Hergestellt in Europa, USA, Kanada, Australien, Japan

Cover: Foto ©Thomas Meinert / pixelio.de

Weitere Bücher finden Sie auf **www.hansebooks.com**

Vergleich zwischen den Lehren
Schelling's und Spinoza's.

Inaugural-Dissertation

zur

Erlangung der philosophischen Doctorwürde

der

hohen philosophischen Facultät

der

UNIVERSITÄT ZÜRICH

vorgelegt von

Resa von Schirnhofer.

Angenommen auf Antrag der Herren
Professoren Dr. Avenarius und Dr. Kym.

ZÜRICH

Druck von Zürcher & Furrer

1889.

A

Donna Laura Minghetti

hommage respectueux et affectueux

de

L'Auteur.

Vorwort.

Die Verwandtschaft der Identitätsphilosophie Schellings mit den Lehren Spinoza's ist allgemein anerkannt, wie dieses auch die Bezeichnung Neospinozismus für diese Phase der Schelling'schen Philosophie besagt. Schelling selbst war sich dieser Verwandtschaft bewusst, nannte schon in seinen allerersten Schriften, als er noch Interpret der Fichte'schen Lehre war, Spinoza wiederholt mit Bewunderung und wies später gelegentlich auf Uebereinstimmungen und Unterschiede zwischen seinen eigenen Lehren und denen Spinoza's hin.

Das Ziel dieser Abhandlung ist nun, die Lehren Spinoza's und Schellings eingehend zu vergleichen, deren Verwandtschaft und Differenz im Ganzen und Einzelnen ausführlicher darzulegen, als dieses bisher geschehen. Wir werden zu diesem Zwecke, da es hier nicht möglich ist, Schelling, der selbst innerhalb der drei deutlich hervortretenden Hauptphasen seiner Philosophie zu keiner streng systematischen, einheitlichen Gestaltung derselben gelangt, bis in die kleinsten Wandlungen und Entwicklungen seines speculativen Denkens zu folgen, im Allgemeinen das relativ Constante in den Lehren seiner Hauptphasen berücksichtigen, im Besonderen aber die Identitätsphase zum Mittelpunkt unsres Vergleichs auf Seite Schellings machen.

A. Die Metaphysik Schellings und Spinoza's.

a. Verwandtschaft.

I. Das Absolute und die Substanz.

Die Auffassung des Absoluten ist bei Schelling nicht frei von Wandlungen, welche ihre naturgemässe Begründung finden in dem steten Fluss, in welchem sich Schellings philosophisches Denken überhaupt befindet[1]). Die Grundlage unseres Vergleichs sollen die wichtigsten Bestimmungen des Absoluten, besonders diejenigen der Identitätsphase, auf die es hier hauptsächlich ankommt, bilden.

Unter denselben ist nun die erste, da sie den Begriff des Absoluten constituirt, die Unbedingtheit oder das Sein aus eigener Machtvollkommenheit, das absolut auf Sich-Selbst-Ruhen.

Schelling erklärt, dass das Ich bloss durch sich selbst bedingt sei und seine Realität einzig und allein durch sich selbst erhalte. „Das Ich ist entweder gar nicht oder nur durch sich selbst" [2]). „Das Absolute

---

[1]) Schelling selbst ist sich der steten Umgestaltung seiner Lehren bewusst, wie aus einer Anmerkung in: „Untersuchungen über die menschliche Freiheit" 410 hervorgeht, worin er sagt: „Ich habe nie durch Stiftung einer Secte Anderen, am wenigsten mir selbst, die Freiheit der Untersuchung nehmen wollen, in welcher ich mich noch immer begriffen erklärte und wohl immer begriffen erklären werde."
[2]) S. W. I. 1. Vom Ich 177.

kann nur durch's Absolute gegeben sein, ja wenn es absolut sein soll, muss es selbst allem Denken und Vorstellen vorhergehen, ... nur durch sich selbst realisirt werden" [1]. „Es gehört zum Wesen der absoluten Identität zu sein . . . ." [2])

Ebenso folgert Spinoza gemäss der Definition der Substanz, dass sie notwendig da sein, nicht von etwas anderem hervorgebracht werden könne und ihr daher Unbedingtheit zukomme.

„... erit itaque causa sui, id est ipsius essentia involvit necessario existentiam, sive ad ejus naturam pertinet existere".[3]) „.. sequitur ... Deum infinitam absolute potentiam existendi *a se* habere, qui propterea absolute existit."[4])

Das oberste Princip ist bei beiden Philosophen, causa sui, ist ein Positives, die absolute Bejahung von sich selbst. Es kommen ihm alle jene Prädicate zu, welche sich aus dieser Fassung desselben naturgemäss ergeben, nämlich Ewigkeit, Unendlichkeit, Untheilbarkeit.

Nach Schelling kann der Grund der Endlichkeit der absoluten Identität weder ausser ihr noch in ihr selbst liegen, „sie ist also unendlich, so gewiss als sie ist, d. h. sie ist schlechthin unendlich."[5]) Sie ist aber auch „nicht entstanden, sondern ist schlechthin, ... denn ihr Sein ist eine ewige Wahrheit, mithin ist auch alles dem Sein an sich nach absolut ewig."[6]) Da ferner Theilbarkeit an Quantität gebunden ist, die absolute

---

[1]) Ibid. 187.
[2]) S. W. I. 4. Darst. m. Syst. 118.
[3]) Eth. I Prop. VII Dem.
[4]) Eth. I Prop. XI Schol.
[5]) S. W. I. 4. Darst. m. Systems. 118.
[6]) Ibid. 119.

Identität aber unabhängig ist von aller Quantität, so kann ihr Wesen niemals getheilt werden.[1])
Für Spinoza liegt im Endlichsein eine theilweise Verneinung, während die Unendlichkeit die absoluta affirmatio des Daseins einer Natur ist. Da zur Natur der Substanz das Dasein gehört, muss sie unendlich sein.[2]) Ferner muss aus der Definition der Ewigkeit[3]): per aeternitatem intelligo ipsam existentiam, quatenus ex sola rei aeternae definitione necessario sequi concipitur, da zum Wesen der Substanz das Dasein gehört, folgen, dass Gott ewig sei.[4]) Die Untheilbarkeit der Substanz ergibt sich für Spinoza aus ihrer Unendlichkeit.[5])

Wie Spinoza nur eine Substanz aufstellt, die alles Seiende umfasst und daher nicht nur die eine, sondern die all-eine Substanz ist und durch die Widersinnigkeit des Gegentheils beweist, dass weder zwei Substanzen verschiedenen Attributs, noch zwei desselben gedacht werden können, folgert auch Schelling auf dieselbe Weise, dass es nur eine absolute Vernunft geben kann und diese Alleinheit sei. So sagt er in „Darstellung meines Systems", wo er das Absolute „absolute Identität", „absolute Vernunft" nennt, dass es nur eine Vernunft geben könne. „Denn wäre es nicht, so müsste es von dem Sein der Vernunft noch einen andern Grund geben, als sie selbst, ... die Vernunft wäre also nicht absolut, was gegen die Voraussetzung ist." „Ausser der Vernunft ist nichts und in ihr ist Alles."[6]) Auch vor

---

[1]) Ibid. 130.
[2]) Eth. I. Prop. VIII. Schol. 1.
[3]) Eth. I. Def. VIII.
[4]) Eth. I. Prop. XIX.
[5]) Eth. I. Prop. XII, XIII. Schol.
[6]) S. W. I. 4 Darstell. m. Syst. 115 ff.

der Identitätslehre, in seiner ersten Phase, fasst Schelling sein Absolutes, damals absolutes Ich genannt (wie auch später noch zum Theil in dem „transcendentalen Idealismus"), ganz nach Analogie der Substanz und bezeichnet es auch als „einzige Substanz". „Denn gäbe es mehrere Substanzen, so gäbe es ein Ich ausser dem Ich, was ungereimt ist. Demnach ist alles, was ist, im Ich und ausser dem Ich ist nichts".[1])

Dass das Absolute gleich dem All sei, ist für beide Philosophen eine Folge der unendlichen Selbstaffirmation desselben. Der Begriff der Affirmation, sofern er mit diesem Terminus bezeichnet wird, ist Schellings früheren Schriften fremd, doch bedient er sich später seiner mit Vorliebe, besonders im „System der gesammten Philosophie". Nach Spinoza ist unendliches Sein „absoluta affirmatio existentiae alicujus naturae", d. h. es muss aus der Substanz Unendliches auf unendliche Weisen folgen. „Ex necessitate divinae naturae infinita infinitis modis sequi debent".[2]) Diese unendlichen Folgen aus Gott sind in ihm und gleichzeitig mit ihm gegeben. Ebenso sagt Schelling[3]): „Das Eine ist Alles. Denn absolut und an sich ist nur Eines, nämlich Gott, aber dieses Eine affirmirt sich selbst nicht nur überhaupt als unendlich, sondern auch auf unendliche Weise, d. h. als All, und dieses Affirmirte ist mit dem Affirmirenden Eins. Also ist das Affirmirende als Eins unmittelbar zugleich Alles, und das Eine gesetzt, ist Alles gesetzt."

Die Substanz ist aber auch nach beiden Philosophen einfach, weder aus gleichen Theilen, noch aus verschie-

---

[1]) S. W. I. 1. Vom Ich 192.
[2]) Eth. I. Prop. XVI.
[3]) S. W. I. 6. System der ges. Phil. 176.

denen zusammengesetzt, welche Bestimmung zum Theil mit ihrer Untheilbarkeit zusammenfällt. Schelling verwahrt sich ausdrücklich dagegen, die absolute Identität als Synthesis von Denken und Sein, was gegen ihr principielles Sein verstiesse, aufzufassen. „Sie ist uns vorerst nichts als Einheit, ohne weitere Bestimmung."[1]) „Das All ist Eins heisst: es ist absolut einfach."[2])

Gott kann nicht, sagt Schelling im System der gesammten Philosophie etc. 163, aus dem Gegensatz des Objectiven und Subjectiven als ein sie Vereinigendes hervorgehen. „Dies ist gerade so widersinnig, als wenn ich sagen wollte, durch die Vereinigung des Mittelpunktes und der Peripherie entstehe der Cirkel als Product, da vielmehr die Idee des Cirkels beiden notwendig vorangeht." Auf diese Weise gefasst wäre das Absolute keine Position, sondern bloss Product des synthesirenden Denkens, ein blosses Gedankending. „.... wir setzen nur Gott als das gleich einfache Wesen des Erkennenden und des Erkannten, des Subjectiven und des Objectiven."

Spinoza erklärt die Substanz für einfach und nur dadurch als Erstes, was ein Zusammengesetztes nie sein könne.[3]) Er versteht unter einfach „nihil, nisi quod non est compositum, sive ex partibus natura differentibus, aut ex aliis natura convenientibus componatur."[4])

Worin besteht nun das Wesen des Absoluten bei Spinoza und Schelling?

Nach Schelling ist das Absolute Causalität, un-

---

[1]) S. W. I. 4. Fernere Darst. 378; vergl. I. 6. Syst. d. ges. Philosophie 178.
[2]) Ibid. 176.
[3]) Epist. XXXV (olim XL).
[4]) Epist. XXXVI (olim XLI)

endliches Wirken, ein ewiger Prozess des sich selbst Objectwerdens. Das Absolute existirt nur unter der Form der Subject-Objectivität und entfaltet sich durch seine Subject-Objectivirung zur absoluten Totalität, zum Universum. Von Seite seiner Form betrachtet ist die absolute Identität Subject-Object.

„Sein selbst ist Unbedingtes, productive Thätigkeit in ihrer Uneingeschränktheit gedacht."[1]

Gemäss der All-Einheit des absoluten Princips ist die Causalität eine in sich geschlossene, die Wirkung tritt nicht aus der Ursache heraus, sie bleibt ihr immanent.

„Alles, was das Ich setzt, muss nichts als seine eigene Realität in ihrer ganzen Unendlichkeit sein. ... Ich ist die immanente Ursache alles dessen, was ist."[2] „Die absolute Identität ist nicht Ursache des Universums, sondern das Universum selbst".[3] „Was von sich selbst zugleich die Ursache und die Wirkung, Producirendes und Product, Subject und Object ist, ist das Subject-Object."[4]

Diese immanente Ursache ist aber auch eine freie Ursache, denn das Handeln des Absoluten folgt nur aus der Notwendigkeit seines Daseins und Wesens: „denn ein Absolutes schliesst schon durch seinen Begriff jede Bestimmung durch fremde Causalität aus; die absolute Freiheit ist nichts anderes als die absolute Bestimmung des Unbedingten durch die blossen Gesetze seines Seins."[5] „Der ursprüngliche Act des Selbstbewusstseins ist absolut frei, weil er durch nichts ausser dem Ich bestimmt

---

[1] S. W. I. 3. Einl. z. Syst. ein. Nat. 283.
[2] S. W. I. 1. Vom Ich 195.
[3] S. W. I. 4. Darst. m. Syst. 128.
[4] S. W. I. 3. Syst. d. transc. Id. 373.
[5] S. W. I. 1. Vom Ich 235.

ist, absolut notwendig, weil er aus der inneren Notwendigkeit der Natur des Ichs hervorgeht."[1])

Die Causalität als Wesen des Absoluten ist Handeln aus eigener Machtvollkommenheit gemäss der seiner Natur inhärirenden Gesetze, d. h. aus freier Notwendigkeit. Wie Gott von nichts ausser ihm zum Sein, so kann er auch nicht zum Handeln bestimmt werden. Denn sein Sein ist eben die absolute Thätigkeit.

Ganz ähnliche Bestimmungen über das Wesen des Absoluten finden wir bei Spinoza. Auch er setzt es in die Causalität, auch bei ihm ist Gott, wie schon bei Giordano Bruno, die immanente Ursache alles Seienden und zwar die erste und freie Ursache. Die metaphysische Freiheit und Notwendigkeit sind auch bei ihm identisch.

„Omnia quae sunt, in Deo sunt et per Deum concipi debent, adeoque Deum rerum quae in ipso sunt, est causa."[2]) „Huic sequitur, Deum omnium rerum quae sub intellectum infinitum cadere possunt, esse causam efficientem".[3])

„Deum enim rerum omnium causam immanentem,

---

[1] S. W. I. 3. Syst. d. transc. Ideal. 395.
[2] Eth. I. Prop. XVIII. Dem.
[3] Eth. I. Prop. XVI. Coroll. 1.; vergl. Eth. II. Prop. III. Schol.

Während über Schellings Causalität, der seinen historischen Ausgangspunkt aus Fichte's ethischem Idealismus, dem das Sein Thätigkeit und das Handeln das das Wesen des Ichs Constituirende ist, nimmt, keine Zweifel laut wurden, ist gerade hier bei Spinoza der kritische Punkt, wo sich die Auffassung der Philosophiehistoriker in entgegengesetzter Weise geltend macht. Ritter: Geschichte der Phil. II. Band fasst die Causalität der Substanz als immanentes Wirken auf und betont den Begriff der wirkenden Ursache bei Spinoza. K. Fischer G. d. neueren Phil. B. I. 2. verbindet ebenfalls mit dem Begriff der Substanz den der wirkenden Ursache, also der Kraftbethätigung. Windelband: G. d. neu. Phil. I. 200—222 sieht in dem agere und efficere der Substanz nur den todten Vorgang des mathematischen

ut ajunt, non vero transientem statuo."[1]) „Quidquid

Bedingens. „Folgen", sagt er, „bedeutet nur das logische Verhältniss der Dependenz" . . . „Der Begriff der Kraft existirt für Spinoza nicht." Seite 208. Erdmann: Grundr. d. G. d. Phil. 2. B. vertritt am aller schroffsten die Auffassung des logischen Dependenzverhältnisses nach Analogie der rein mathematischen Folge. Er weist darauf hin, dass Spinoza die Mathematik stets als Muster empfehle und daher wie diese das Wirken bloss als Bedingen, Ursache und Wirkung bloss als Grund und Folge auffasse. So sagt er Seite 50: „Der Ausdruck causa kommt bei Spinoza vor, sogar causa efficiens, allein die sehr oft wiederholte Polemik dagegen, dass die causa als transiens gedacht werde, die erläuternde Bemerkung, wenn efficere von etwas praedicirt würde, dieses heisse „ex ejus definitione" oder auch ex eo sequitur, die stets wiederkehrende Exemplification mit dem Triangel, aus dessen Natur dieses oder jenes folge, zeigt deutlich, dass er wirklichen Causalzusammenhang nicht kennt, sondern nur das Bedingtsein durch einen Vor- und Hülfsbegriff . . . . . Darum verbindet er causa und ratio durch seu." Diese Interpretation stützt sich mehr auf Ausdrücke, Wahl der Beispiele und die methodische Beweisführung Spinoza's als auf seine metaphysische Gesammtauffassung. Erdmann scheint ganz zu übersehen, dass der oberste Grundsatz der Ethik ontologischer und parallelistischer Natur ist; „quod in intellectu objective continetur, debet necessario in natura dari", dass mithin der logischen Folge die reale Wirkung entsprechen müsse und dass Spinoza, wenn er causa sive ratio sagt, dieses „sive" nur als parallelistisches Gleichsetzen der beiden ewig verschiedenen Seiten des Absoluten gilt. Was ratio im Attribut des Denkens und der logischen Darstellung, ist causa im Attribut der Ausdehnung, des natürlichen Geschehens. Nichts berechtigt uns anzunehmen, dass Spinoza mit causa efficiens nicht die reale Ursache meinte und nur der ratio diesen Ausdruck substituire. Ebenso besagt „ex ejus definitione sequitur" mehr als das logische Folgen, da die Definition eine Realdefinition ist, denn „explicat rem prout extra intellectum et tum vera debet esse" . . . (Ep. IX. olim XXVII) . . definitio, quae inservit ad rem cujus essentia tantum quaeritur . . . . . explicandam (ibid.). Also muss das, was aus der Definition logisch, aus dem Wesen real folgen. Allerdings zieht Spinoza, dem Geschmacke seiner Zeit folgend, die mathematischen Beispiele vor.

[1]) Epist. LXXIII. (olim XXI.)

est, in Deo est."¹) „Potentia Dei, qua ipse et omnia, sunt et agunt, est ipsa ipsius essentia."²) „Deus enim solus ex sola suae naturae necessitate agit, adeoque solus est causa libera."³) Gott handelt frei, da er „ex solis suae naturae legibus, et a nemine coactus agit"⁴) und frei nach Def. VII. Eth. I dasjenige ist, das „ex sola suae naturae necessitate existit, et a se sola ad agendum determinatur."

Das Handeln des Absoluten Schellings, sowie das Wirken der Substanz, da sie das Sein ausmachen, sind nicht in die Zeit fallend, sondern ein ewiges.

Schelling sagt: „Das Absolute ist ein ewiger Erkenntnissact, welcher sich selbst Stoff und Form ist, ein Produciren, in welchem es auf ewige Weise sich selbst in seiner Ganzheit als Idee, als lautere Identität zum Realen, zur Form wird und hinwiederum auf gleich ewige Weise sich selbst als Form, insofern als Object in das Wesen oder das Subjekt auflöst."⁵) „Aus dem Absoluten entsteht Unendliches und Endliches erst durch sein eigenes Subject-Objectiviren, aber kein Entstehen in der Zeit, sondern ein ewiges."⁶) Die reine Absolutheit für sich ist notwendig auch reine Identität, aber die absolute Form dieser Identität ist: sich selbst auf ewige Weise Subject und Object zu sein."⁷)

Aehnlich sagt Spinoza:

„Verum ego me satis clare ostendisse puto, a summa Dei potentia, sive infinita natura, infinita infinitis modis,

---

¹) Eth. I. Prop. XV.
²) Eth. I. Prop. XXXIV. Dem.
³) Eth. I. Prop. XVI. Coroll. III.
⁴) Eth. I. Prop. XVII.
⁵) S. W. I. 2. Ideen z. ein. Phil. d. X. 62.
⁶) S. W. I. 4. Fernere Darst. 391.
⁷) S. W. I. 5. Vorl. über Meth. 281.

hoc est omnia necessario effluxisse, vel semper eadem necessitate sequi . . . . Quare Dei omnipotentia actu ab aeterno fuit et in aeternum in eadem actualitate manebit."[1])

Die Substanz als Wirkendes, als freie Ursache nennt Spinoza mit dem scholastischen, auch von Giordano Bruno und Hobbes gebrauchten, Ausdruck natura naturans, das Bewirkte, so fern es in der Ursache selbst enthalten aufgefasst wird, natura naturata.

Er definirt erstere als „Deus quatenus ut causa libera consideratur", letztere als „omnes Dei attributorum modos, quatenus considerantur ut res, quae in Deo sunt."[2])

Diese Definition stimmt mit der oben citirten des Subject-Objects bei Schelling überein. Ferner sagt Schelling[3]): „Die absolute Identität ist nur unter der Form der Subject-Objectivität." Es entspricht also das Subject der Substanz als natura naturans, die Objectivität, welche sowohl Geist als Natur, — aufgefasst als Producirte, als die Erscheinung — begreift, aber der natura naturata. Uebrigens bedient sich an andrer Stelle Schelling derselben mittelalterlichen Termini und sagt[4]):

„Die natura naturans ist Gott als absolute Position, absolutes Schaffen, die natura naturata die erscheinende Welt, die blosse Erscheinung des absoluten Alls, die endliche Welt."

Er führt diese Unterscheidung noch weiter aus in Bezug auf das reale und ideale All, die Natur und den Geist, und unterscheidet in jeder Sphäre Affirmirtes und

---

[1] Eth. I. Prop. XVII. Schol.
[2] Eth. I. Prop. XXIX. Schol.
[3] S. W. I. 4. Darst. m. Syst. 128.
[4] Vgl. S. W. I. 6. Syst. d. ges. Ph. 202 ff.

Affirmirendes, so dass er von einer natura naturans realis und einer natura naturans idealis spricht.

II. Reales und Ideales und die Attribute.

Schelling unterscheidet an dem Absoluten das Sein oder Wesen und die Form des Seins und beide als zugleich gesetzt. Diese Form des Seins der absoluten Identität ist das Erkennen. Sein und Erkennen fällt also im Absoluten zusammen. Es ist hier kein Uebergang, kein Vor und Nach, sondern absolute Gleichzeitigkeit des Wesens (Sein) und der Form (Erkennen). Es gibt also eine ursprüngliche Erkenntniss der absoluten Identität und da diese zur Form ihres Seins gehört, so ist sie ein Attribut derselben.[1]) Folglich gibt es, da Sein und Erkennen schon im obersten Princip zusammentreffen, nach Schelling kein ursprünglich vom Erkennenden getrenntes Erkanntes, kein Subject, das nicht zugleich Object, kein Denken, das nicht im Ursprung identisch mit dem Sein wäre. Diese Identität der beiden Factoren ist der Centralpunkt des ganzen Systems. — Der Kriticismus Kants mit seinem erkenntnisstheoretischen Dualismus wie auch der einseitige, rein subjective Idealismus Fichte's, welcher der Natur die ursprüngliche Realität versagt, wie sehr auch dieser Schellings philosophisches Denken beeinflusste, lässt doch sein Einheitsbedürfniss unbefriedigt. Erst mit dem Identitätsprincip, das die beiden ursprünglichen Gegensätze in einer absoluten Einheit als ebenbürtige zusammenfasst, fühlt sich Schelling dem Sein und dem Erkennen, der Natur und dem Geist, dem Objectiven und Subjectiven gegenüber auf dem ihm richtig scheinen-

---

[1]) Vgl. S. W. I. 4. Darst. m. Syst. 120 ff.

den Standpunkt, der ihm allein die Möglichkeit des Erkennens überhaupt zu verbürgen scheint. Durch die Gewinnung dieses Identitätsstandpunktes ist für ihn, nach seiner eigenen Beurtheilung, die wichtigste philosophische That geleistet.[1]) Schellings Philosophie ist in ihre zweite Phase, den Neospinozismus, eingetreten. Nach Schelling sind Sein und Erkennen an sich identisch, d. h. es kann zwischen ihnen kein Gegensatz in Bezug auf die absolute Identität stattfinden.[2]) Daher bezeichnet Schelling zuweilen das Absolute als absolut Reales oder absolut Ideales.

„Das Erkennen einer Bestimmung des Seins und diese Bestimmung sind eins und dasselbe auf das Absolute bezogen, bloss unter verschiedenen Attributen betrachtet".[3]) „Das Wissen in seiner Allheit ist aber die eine gleiche Erscheinung des einen Universums, von dem das Sein oder die Natur die andere ist".[4]) „Das reale und das ideale All sind nur ein und dasselbe All".[5])

Auf ähnliche Weise unterscheidet Spinoza an der Substanz Denken und Ausdehnung als dasjenige, „quod intellectus de substantia percipit tanquam ejusdem essentiam constituens".[6]) Gott ist ihm ein ausgedehntes, sowohl als ein denkendes Wesen, d. h. Denken und Ausdehnung drücken das ewige und unendliche Wesen Gottes aus.[7]) Analog dem Ausspruch Schellings,

---

[1]) In einem Briefe bezeichnet Schelling die Zeit, wo er den Identitätsgedanken zuerst klar erfasste als diejenige, wo ihm zuerst das Licht der Philosophie aufgegangen sei.
[2]) Vgl. S. W. 1. 4. Darst. m. Syst. 123.
[3]) S. W. I. 6. Syst. d. ges. Phil. 513.
[4]) S. W. I. 5. Vorl. über d. Meth. 218.
[5]) S. W. I. 6. Syst. d. ges. Phil. 204.
[6]) Eth. I. Def. IV.
[7]) Eth. II. Prop. I und II.

dass in Ansehung des Wesens jener höheren Einheit der Gegensatz selbst nicht da sei[1]), lehrt Spinoza: „quod quicquid ab infinito intellectu percipi potest tanquam substantiae essentiam constituens, id omne ad unicam tantum substantiam pertinet et consequenter quod substantia cogitans et substantia extensa una eademque est substantia, quae jam sub hoc, jam sub illo attributo comprehenditur".[2])

Reales und Ideales entsprechen, insofern sie identisch sind im Absoluten, aber trotz ihrer Identität eine ursprüngliche Duplicität in demselben offenbaren, den Attributen Denken und Ausdehnung, welche zwei verschiedene Wesensbeschaffenheiten einer und derselben Substanz ausdrücken. Auch sie sind substantia identisch, aber verschieden als Ausdruck. Dieses „verschieden als Ausdruck" entspricht einem „Verschiedensein der Form" nach und „Ausdruck" dem „Formbegriff" der neuesten Philosophie, sofern er objectiv genommen wird.

Schelling sagt: „in der Identität ist aber eine ursprüngliche Duplicität".[3]) „Der Begriff einer ursprünglichen Identität in der Duplicität und umgekehrt ist nur der Begriff eines Subject-Objects".[4]) Das Subject-Object ist also die Identität, die einen Gegensatz enthält, die in einem ewigen Act reiner Causalität sich selbst objectivirt, d. h. sich als Subject und Object setzt. Durch diesen Act erscheint das Absolute sich 1. als Object, d. h. als reale Welt, 2. als Subject, d. h. als ideale Welt und 3. als Einheit Beider. Diese drei Bestimmungen nennt Schelling Potenzen und unterscheidet sie als

---

[1]) Vergl. S. W. I. 4. Bruno 237.
[2]) Eth. II. Prop. VII. Schol.
[3]) S. W. I. 3. Syst. d. tr. Id. 479.
[4]) Ibid. 373.

die drei Potenzen des Endlichen (Natur), des Unendlichen (Geist) und des Ewigen. Die beiden ersten Potenzen nennt er die „völlig gleichen Wurzeln des Absoluten".[1]) Formell betrachtet entsprechen die drei Potenzen den beiden Attributen und der Substanz Spinoza's, materiell betrachtet liegt jedoch gerade im Begriff der Potenz die Originalität der Schelling'schen Identitätsphilosophie gegenüber dem reinen Parallelismus im spinozischen System, wie wir später zeigen werden.

Spinoza drückt in seiner Ethik[2]) die Verschiedenheit und substantielle Identität seiner Attribute folgendermassen aus: Ex his apparet, quod, quamvis duo attributa realiter distincta concipiantur[3]), hoc est unum sine ope alterius, non possumus tamen inde concludere, ipsa duo entia, sive duas diversas substantias constituere . . . . sed unumquodque realitatem sive esse substantiae exprimit".

---
[1]) Vergl. S. W. I. 4. Fernere Darst. 416.
[2]) I. Prop. X. Schol.
[3]) Wie das Wesen der Substanz, sind auch die Attribute derselben Gegenstand widersprechendster Auffassung. So erklärt Erdmann (Grundriss d. G. d. Ph. II. 62): „die Attribute sind Prädicate, welche der Verstand der Substanz beilegen muss, nicht weil sie, sondern weil er diese eigenthümliche Beschaffenheit hat". während K. Fischer (G. d. neueren Philos. I. 2, 295) in ihnen „die ewig zusammengehörigen und zusammenwirkenden Grundkräfte der Substanz", sofern sie begriffen wird als innere Ursache aller Dinge, erblickt. Die Ansicht Erdmann's ist, trotz der Fülle der Belegstellen, die er zu ihrer Stütze beibringt und die eine solche Interpretation zuzulassen scheinen, sobald man die Gesammtauffassung Spinoza's und den historischen Ausgangspunkt seines Systems ausser Acht lässt, eine ganz subjective, d. h. eine ziemlich willkürliche Auffassung. Seine Darstellung ist keine Erklärung des historischen Systems Spinoza's, sondern eine geistreiche Interpretation von einem bestimmten Gesichtspunkt aus. Fischer's Widerlegung derselben ist eine durchaus treffende. Ohne auf diese Polemik einzugehen, wollen wir aus

Sind die substantielle Identität einerseits und eine ursprüngliche Verschiedenheit im Ausdruck der Substanz oder der Form des Absoluten andrerseits Bestimmungen, worin die Attribute Spinoza's und das Reale und Ideale Schellings übereinstimmen, so ist doch in der Art ihres Identischseins eine fundamentale Differenz, von grosser Tragweite für die principielle Gestaltung der beiden Systeme, vorhanden, die wir später erörtern werden.

Eine weitere Aehnlichkeit in der Auffassung von Denken und Sein bei beiden Philosophen liegt in dem

---

einigen Lehrsätzen Spinoza's die Unhaltbarkeit dieser „dem objectivistischen Gesammtcharakter der Doctrin des Spinoza", wie Ueberweg (Grundr. d. G. d. Phil. III, 90, richtig bemerkt, widersprechenden Auffassung beweisen.

Die Attribute sind Objecte der scientia intuitiva, durch welche wir ihre essentia formalis in einer adaequaten Idee erkennen. (Eth. II. Prop. XL. Schol. II.) Da nun die Attribute durch eine adaequate Idee erkannt werden als Wesensbeschaffenheiten der Substanz (per attributum intelligo id, quod intellectus de substantia percipit, tanquam ejusdem essentiam constituens Eth. I. Def. IV.) und das Axiom aufgestellt ist „idea vera debet cum suo ideato convenire, hoc est, id quod in intellectu objective continetur, debet necessario in natura dari" (Eth. 1, Axiom VI. Prop. XXX. Dem.): so muss dem Gedachtwerden der beiden Attribute als Wesensbeschaffenheiten der Substanz auch ein reales Gegebensein, eine reale Wesensbeschaffenheit, entsprechen. Ferner sagt Spinoza (Eth. II. Prop. XLIII Schol.): Mens nostra, quatenus res vere percipit, pars est infiniti Dei intellectus; adeoque tam necesse est, ut Mentis clarae et distinctae ideae verae sint, ac Dei ideae. Da nun Gottes Macht zu denken seiner Macht zu handeln gleich ist, so muss „quicquid ex infinita Dei natura sequitur formaliter, id omne ex Dei idea . . . . . sequitur in Deo objective 'Eth. II. Prop. VII. Coroll.). Es müssen also nach Spinoza's Lehre den erkannten Attributen, den „objective", d. h. in der Vorstellung gegebenen, auch reale Attribute „formaliter", d. h. in der Wirklichkeit seiende, entsprechen. Daher können die Attribute keine blossen Erkenntnissformen unsres Verstandes sein.

Ausschluss jeder gegenseitigen Einwirkung, jedes causalen Verhältnisses zwischen den Beiden. Sie sind unzertrennlich, stets an einander gebunden vermöge ihrer Identität im Absoluten, dessen verschiedene Ausdrucksweisen sie nach Spinoza, dessen Factoren oder Ansichten sie nach Schelling sind, sie erscheinen daher in der Welt der Dinge stets zusammen und offenbaren so das Doppelantlitz des einen Absoluten. So sind die beiden Seiten der Substanz und die beiden Factoren des Absoluten stets an einander geknüpft, aber auser allem Causalnexus.

Schelling lehrt: . . . „Ding und Begriff sind nicht durch Verknüpfung von Ursache und Wirkung, sondern durch das Absolute eins, wahrhaft betrachtet aber nur die verschiedenen Ansichten eines und desselben" . . .[1]) „Zwischen Realem und Idealem, Sein und Denken ist kein Causalzusammenhang möglich, oder das Denken kann nie Ursache einer Bestimmung im Sein oder hinwiederum das Sein nie Ursache einer Bestimmung im Denken sein".[2]) — „Aller Causalbezug zwischen Wissen und Sein gehört selbst mit zu der sinnlichen Täuschung".[3]) — „Weder das Wissen mit dem Sein, noch das Sein mit dem Wissen hängt durch ideale oder ursächliche Verknüpfung zusammen, sondern jedes ist mit dem andern realiter Eins".[4])

„Im Absoluten sind beide Seiten (ideale und reale) eins und ein und derselbe absolute Erkenntnissact. Eben desshalb können sie niemals durch Causalverhältniss eins sein".[5])

---

[1]) S. W. I. 4. Bruno 302.
[2]) S. W. I. 6. Syst. d. ges. Phil. 509.
[3]) S. W. I. 5. Vorl. über Meth. 249.
[4]) S. W. I. 4. Fernere Darst. 418.
[5]) S. W. I. 2. Ideen z. ein. Phil. 239.

„Es kann ebensowenig davon die Rede sein, das Sein aus dem Wissen so zu erklären, dass jenes die Wirkung von diesem wäre, es ist zwischen beiden überhaupt kein Causalitätsverhältniss möglich und beide können nie zusammentreffen, wenn sie nicht wie im Ich ursprünglich Eins sind".[1])

Bei Spinoza muss jedes Attribut durch sich aufgefasst werden, welche Bestimmung die Unmöglichkeit involvirt, dass dieselben in einem causalen Verhältniss stehen könnten. Sie müssen durch sich aufgefasst werden, weil sie das Wesen der Substanz, die nur durch sich begriffen werden kann, ausdrücken.[2]) Die Unmöglichkeit des Causalnexus zwischen den Attributen ist daher in der Natur der Substanz gegeben.

„ . . . omnia attributa simul in ipsa (substantia) semper fuerunt, nec unum ab alio produci potuit".[3])

III. Die quantitativen Differenzen und die Modi.

Die All-Einheitslehre Spinoza's und Schelling's schliesst die Möglichkeit von Einzeldingen, denen metaphysische Realität zukäme, aus. Das Subject-Object, wie

---

[1]) S. W. I. 3. Syst. d. tr. Ideal. 407.
[2]) In dieser Bestimmung als Wesensbeschaffenheiten der Substanz, die nur aus sich begriffen werden können, tragen die Attribute noch die Merkmale ihres Ursprungs aus dem Descartes'schen zwei Substanzen, die realiter geschieden und verschieden sind, an sich. Wenngleich sie durch die monistische Auffassung Spinoza's zu blossen Wesensbeschaffenheiten der Substanz verwandelt wurden, wodurch sie als derselben inhaerirend ihre metaphysische Selbständigkeit verloren haben, so bleiben sie dennoch in unversöhnlichem Gegensatz. Der Dualismus ist nur formal aufgehoben und die Uebereinstimmung der beiden Attribute ist eigentlich nicht erklärt.
[3]) Eth. I. Prop. X. Schol.

die Substanz sind als Einheit der natura naturans und der natura naturata das Eine, in dem Alles enthalten, die Ursache, aus der die Wirkung nicht heraustritt. Die negativen Bestimmungen über die Einzeldinge müssen daher bei beiden Philosophen analoge sein.

Dass uns eine Welt von Dingen umdrängt, dass wir selbst in individuellem Dasein zwischen einer Vielheit coexistirender Wesen uns bewegen und denken, dies alles ist eine Wirkung der inadaequaten Betrachtungsweise, der Reflexion nach Schelling, der Imaginatio nach Spinoza. Die Vielheit der Dinge ist nur Schein, der Causalnexus derselben ein Scheinentstehen und Scheinvergehen, nur erzeugt durch die inadaequate Erkenntniss, welche das All-Eine zerlegt in eine Vielheit zahlloser Einzelwesen, in ein Vor und Nach von Dingen. Dem gemeinen Bewusstsein sind die Einzeldinge mit ihren Relationen in Raum, Zeit und Bewirktsein unabweisliche Data, aber der philosophischen Betrachtung, die sich intuitiv erkennend verhält, die immer auf die Totalität gerichtet ist, werden sie weder als erstes noch als wahres Sein, überhaupt als kein Selbständiges, kein An-sich erscheinen.

Nach Schelling ist das zeitliche Dasein des Einzeldings nur „Heraustreten aus der Ewigkeit, die Vielheit der Dinge Absonderung vom All".[1] „Wenn etwas ausserhalb der absoluten Totalität erblickt wird", sagt er, „so geschieht es vermöge einer willkürlichen Trennung des Einzelnen vom Ganzen, welche durch Reflexion ausgeübt wird, aber an sich gar nicht stattfindet".[2] „Wie es zu einem Object komme, lässt sich schlechterdings nicht

---

[1] Vergl. S. W. I. 5. Ueber das abs. Id. 25.
[2] S. W. I. 4. Darst. m. Syst. 126.

erklären, wenn nicht jedes Object nur scheinbar einzeln ist".¹) „Die absolute Identität ist gleichsam der allgemeine Auflösungsmoment aller Dinge; in ihr ist nichts unterschieden, obgleich in ihr alles enthalten".²) Sie ist ihm das erste Sein und zwar „dergestalt, dass auch das einzelne Sein nur innerhalb derselben möglich, ausserhalb derselben, also wirklich und wahrhaftig, nicht bloss in Gedanken abgesondert, nichts ist".³)

Ebenso lehrt Spinoza, dass Zeit, Mass und Zahl, die Modificationen, in welchen die Einzeldinge erscheinen, nur Modi des Denkens oder einbildenden Vorstellens seien, welche entstehen, wenn wir die Affectionen der Substanz von ihr selbst trennen.

„Neque etiam ipsi Substantiae Modi, si cum ejusmodi Entibus rationis seu imaginationis confundantur, unquam recte intelligi poterunt. Nam cum id faciamus, eos a Substantia, et modo, quo ab aeternitate fluunt, separamus, sine quibus tamen recte intelligi nequeunt".⁴)

Was liegt nun diesen Einzeldingen, welche losgerissen von der Substanz oder der absoluten Identität ein Nicht-Seiendes, Nichtiges sind, zu Grunde?

Nach Schelling wird die absolute Identität nur actu gesetzt durch die quantitative Differenz, d. h. der Process der Subject-Objectivirung, welcher die Form des Absoluten ausmacht, sofern es Causalität ist, kann nur durch den Gegensatz verwirklicht werden. Der Gegensatz beruht nicht auf der qualitativen Differenz der beiden Factoren, Subjectivität und Objectivität, denn diese sind dem Wesen nach identisch, sondern nur auf einer quan-

---

¹) S. W. I. 3. Syst. d. transc. Ideal. 479.
²) S. W. I. 4. Darst. m. Syst. 167.
³) Vergl. Ibid. 125 ff.
⁴) Ep. XII. (olim XXIX).

titativen Differenz, d. h. einer Differenz der Art oder Grösse des Seins nach. Die Einzeldinge sind nun jene quantitativen Differenzen der reellen und ideellen Reihe, welche die unzähligen Gradabstufungen im Uebergewicht des in der bestimmten Sphäre praevalirenden Factors ausdrücken. Die quantitative Indifferenz von Subjectivität und Objectivität ist überhaupt die Form des Seins der absoluten Identität, folglich die bestimmte quantitative Differenz beider eine bestimmte Form des Seins derselben. Schelling nennt die quantitative Differenz daher auch eine differentia formalis[1]), um auszudrücken dass keine Wesendifferenz hier vorhanden sei. Er illustrirt diese Auffassung durch das Beispiel der reinen Idee eines Dreiecks. In derselben ist weder ein gleich- oder ungleichschenkliches, noch ein gleich- oder ungleichseitiges. Jede dieser Formen ist eine quantitative Differenz der Idee des Dreiecks. — Diese quantitative Differenz ist dem Wesen nach Einheit von Subjectivität und Objectivität, nur der Art oder Grösse des Seins nach ist eine Verschiedenheit der Identität vorhanden. So sagt er: „Jedes einzelne Sein ist als solches eine bestimmte Form des Seins der absoluten Identität, nicht aber ihr Sein selbst, welches nur in der Totalität ist".[2]) Da die quantitative Differenz also dem Wesen nach die Identität ausdrückt, so nennt Schelling das Einzelding auch „relative Identität", und da das Wesen der Identität ihrer Existenzform nach in der absoluten Totalität besteht, die quantitative Differenz aber bestimmte Seinsform der Identität ist, nennt er sie auch „relative Totalität".

---

[1]) Vergl. S. W. I. 4. Darst. m. S. 127.
[2]) Vergl. Ibid. 131 ff.

Bei Spinoza ist das Einzelding ein Modus, eine affectio der Substanz, ein Zustand derselben, der auf bestimmte Weise ihre Attribute ausdrückt. „Res particulares nihil sunt, nisi Dei attributorum affectiones, sive modi, quibus Dei attributa certo et determinato modo exprimuntur".[1])
Die quantitativen Differenzen Schellings und die Modi Spinoza's entsprechen sich also, indem beide das Wesen des Absoluten auf eine bestimmte Weise ausdrücken; erstere sind eine Art oder Grösse des Seins des Absoluten, letztere bestimmte und beschränkte Zustände der Substanz.

Die Einzeldinge stehen untereinander in einem Causalnexus, denn „nichts Einzelnes hat den Grund seines Daseins in sich selbst", sagt Schelling mit Spinoza.[2]) Die Einzeldinge als ein Endliches und Beschränktes können nicht unmittelbar aus dem Unendlichen stammen, sondern jedes endliche Sein ist wieder bestimmt durch ein andres endliches Sein.

So sagt Schelling: Jedes einzelne Sein ist bestimmt durch die absolute Identität, nicht insofern sie schlechthin ist, sondern insofern sie unter der Form einer bestimmten quantitativen Differenz von A und B ist,

---

[1]) Ethik. I. Prop. XXV. Coroll.
[2]) In Bezug auf die Einzeldinge und ihr Verhältniss zu einander und zum Absoluten wiederholt Schelling in seiner Identitätsphase, besonders in „Darstellung meines Systems" und im „System der gesammten Philosophie" oft wörtlich die diesbezüglichen Lehrsätze und Ausführungen Spinoza's, worauf schon K. Fischer und Erdmann, der etwas zu scharf von „Entlehnungen" spricht, hingewiesen haben. Diese wörtliche Anlehnung trägt dazu bei, das Verwandte der Auffassung in grelleres Licht zu setzen und die Abhängigkeit Schellings von Spinoza grösser erscheinen zu lassen, als sie sich bei näherer Prüfung erweist.

welche Differenz wiederum auf gleiche Weise bestimmt ist und so ins Unendliche fort".[1])

Ebenso sagt Spinoza[2]): „At id quod finitum est et determinatam habet existentiam ab absoluta natura alicujus Dei attributi produci non potuit; ...... debuit ergo ex Deo, vel aliquo ejus attributo sequi, quatenus aliquo modo affectum consideratur ..... Deinde haec rursum causa, sive hic modus debuit etiam determinari ab alia, quae etiam finita est et determinatam habet existentiam, et rursus haec ultima ab alia et sic semper in infinitum".

Auch ergibt sich für beide Philosophen ein Parallelismus in der Verkettung der körperlichen und geistigen Erscheinungen als natürliche Consequenz der substantiellen Identität der beiden Factoren oder Attribute.

Schelling sagt[3]): „Jeder Weise des Affirmirtseins im realen All entspricht eine gleiche Weise des Affirmirens im idealen All".

Nach Spinoza ist: modus extensionis et idea illius modi una eademque res, sed duobus modis expressa, daher ergibt sich der Lehrsatz: ordo et connexio idearum idem est ac ordo et connexio rerum.[4])

Nach beiden Philosophen sind die Einzeldinge auf ewige Weise enthalten im Absoluten und ihrer zeitlichen Scheinexistenz entspricht ein ewiges Sein im Ewigen selbst.

---

[1]) S. W. 1. 4. Darst. m. Syst. 131.
[2]) Eth. I. Prop. XXVIII. Dem.
[3]) Vergl. S. W. I. 6. Syst. der ges. Phil. 204.
[4]) Eth. II. Prop. VII. und Schol. Diese aus der Wesensidentität der Attribute sich ergebende Consequenz ist zwar principiell im Systeme Spinoza's gefordert, doch nicht streng durchgeführt. Gemäss dem Parallelismus muss auch im menschlichen Körper eine Vorstellung aus einer andern folgen und diese Verkettung den körperlichen Vorgängen entsprechen mit Ausschluss

So unterscheidet Spinoza die zeitliche und zeitlose Existenz, Eth. V. Prop. XXVIII. Schol.:

„Res duobus modis a nobis ut actuales concipiuntur: vel quatenus easdem cum relatione ad certum tempus et locum existere, vel quatenus ipsas in Deo contineri et ex naturae divinae necessitate consequi concipimus. Quae autem hoc secundo modo ut verae seu reales concipiuntur, eas sub aeternitatis specie concipimus et earum ideae aeternam et infinitam Dei essentiam involvunt".

Diese Auffassung des Dings sub specie aeternitatis, sein Enthaltensein auf nicht zeitliche Weise im Absoluten bezeichnet Schelling platonisirend mit dem Aus-

---

jeder gegenseitigen Einwirkung. In dem für die genetische Betrachtung der Philosophie Spinoza's so interessanten Tractatus de deo et homine wird trotz der damals schon principiellen Verwerfung einer Gemeinschaft der Attribute dennoch eine gewisse Einwirkung derselben aufeinander angenommen, sobald sie als Modus der Seele und als Modus des Körpers auftreten. Hier sind sie durch die esprits animaux in eine gewisse Berührung gebracht. So kann z. B. die Seele einer Bewegung des Körpers die Richtung geben, wenngleich sie die ursprüngliche Bewegung selbst nicht verursachen kann. Um diese Beeinflussung zu rechtfertigen, nimmt Spinoza den Begriff einer Einheit, eines „Ganzen" zu Hülfe. Die Vereinigung von Seele und Körper ist nämlich eine solche, dass jene mit diesem ein „Ganzes" ausmacht, es kann also ein ganz getrenntes Nebeneinanderwirken nicht durchwegs möglich sein. Die psychologische Schwierigkeit des Verhältnisses der psychischen und somatischen Zustände zu einander zwingt Spinoza zu einer Inconsequenz in der Durchführung seines metaphysischen Princips. (Vergl. II. Theil, 19. Cap. und Anhang II.). Spinoza ringt hier noch nach strenger Consequenz, die ihm in seiner Ethik wol besser, aber auch nicht vollständig gelungen ist, wie Ethik II. Prop. XXIX. Schol. beweist, wo er von inadaequaten Vorstellungen spricht, die durch zufällige Bewegung des Körpers entstehen. Im oben genannten Tractat finden sich viele Anklänge an Descartes' Abhandlung „des passions de l'âme."

druck Idee.¹) In der wirklichen Welt als solcher sind nach Schelling keine Ideen, nur quantitative Differenzen, so z. B. nicht die Idee eines Dreieckes, sondern zu jeder Zeit nur einzelne Dreiecke. Die Einzeldinge machen als solche die wirkliche Welt, d. h. die Erscheinungswelt aus. Diese entspricht also der ersten Existenzweise der Dinge bei Spinoza. Im Absoluten sind die Einzeldinge nur mittelst ihrer Ideen enthalten, welche ihre wahre Existenz sind, „so dass an sich weder irgend etwas endlich noch wahrhaft entstanden, sondern in der Einheit, worin es begriffen, auf absolute und ewige Art ausgedrückt ist".²)

So sagt Schelling: „Alle Zeitbestimmung ist nur im endlichen und reflectirenden Erkennen, an sich aber sind alle Dinge auf eine ewige und nichtzeitliche Weise enthalten im Absoluten".³) „Das relative Nichtsein des Besonderen im Bezug auf das All, kann als die blosse Erscheinung im Gegensatz der Idee bezeichnet werden".⁴)

Die Dinge in Gott sind nach Spinoza ewig und unveränderlich, wie die Ideen bei Schelling, während das Einzelding, als Object der alles zerstückelnden und ausser dem ewigen Zusammenhang betrachtenden Imaginatio, endlich und zeitlich ist, wie die „Erscheinungen"⁵) oder „Abbilder", „Reflexe" Schellings.

So sagt Spinoza: „Omnia, quae ex absoluta natura alicujus attributi Dei sequuntur, semper et infinita existere debuerunt, sive per idem attributum aeterna et infinita sunt.⁶) Insofern sind auch die Dinge ewige

---

¹ Wir sehen hier vorläufig von anderen Bestimmungen, welche der Ausdruck Idee bei Schelling commotirt, ab.
², S. W. I. 2. Ideen zu einer Phil. d. N.
³ S. W. I. 4. Darst. m. S. 167.
⁴, S. W. I. 6. Syst. d. ges. Phil. 187.
⁵, Vergl. S. W. I. 6. Syst. d. ges. Ph. 197 und 5. Vorl. über Meth. 324.
⁶ Eth. I. Prop. XXI.

Wahrheiten, wie Spinoza ausdrücklich erklärt: „Quod porro petis, anne res etiam, rerumve affectiones, sint aeternae veritates? Dico, omnino".[1])
Ebenso sagt Schelling von der Idee, die er zuweilen auch als das „Band", die „lebendige Copula" bezeichnet: „Wie das Band eine ewige Wahrheit ist, so ist es auch als Wesen des Einzelnen nur eine ewige, nicht eine zeitliche Wahrheit".[2])

b. Verschiedenheit.

I. Das Absolute und die Substanz.

In der von Fichte bedingten Phase seiner Philosophie nennt Schelling das Absolute „absolutes Ich", „absolutes Subject" und erkennt sein Wesen als identisch mit dem Selbstbewusstsein, das in dem Wollen wurzelt. Erst in der zweiten Phase erlangt die Natur eine dem Geist ebenbürtige Stellung und ihre volle Realität als die eine Einheit des Absoluten. Dieses selbst wird die absolute Identität von Realem und Idealem, Natur und Geist. Schelling bezeichnet es jetzt als „absolute Vernunft", „Gott" auch „absolutes Erkennen" mit immer stärkerer Betonung des evolutionistischen Moments. In der letzten Phase unterscheidet Schelling zwischen Natur und Gott, zwischen dem Absoluten als Urgrund und demselben als Persönlichkeit. Die Natur ist Grund der Existenz Gottes, die Vernunft Gott in seiner Existenz. Durch die deutschen Mystiker beeinflusst wird Schellings Philosophie allmälig zur theosophischen Speculation. Obzwar sich auch in dieser Periode noch einzelne spino-

---

[1]) Ep. X. olim XXVIII,.
[2]) S. W. I. 2. Ueber das Verhältn. d. Real. und Ideal. 365.

zische Anklänge aus der früheren finden, so wird doch durch die Disparität der Gesammtauffassung einem eigentlichen Vergleich der Systeme die Basis entzogen, wir beschränken uns daher auf die ersteren Phasen und hauptsächlich auf die Identitätsphase.

Schellings „absolute Vernunft" ist Indifferenz des Subjectiven und Objectiven, wie Spinoza's Substanz die Wesenseinheit von Denken und Ausdehnung ist. Aber diese einfache Identität ist keineswegs die höchste Einheit, unter welcher die absolute Vernunft als seiend gefasst wird. So erklärt Schelling:

„Das Existirende ist immer nur die Indifferenz; ..... aber sie existirt auf unendliche Weisen und existirt niemals anders als unter der Form $A=A$, d. h. als Erkennen und Sein .... Ferner das Sein ist ∞, wie das Erkennen und beides, unendliches Sein wie unendliches Erkennen wird ausgedrückt durch den Satz $A=A$. Da der Satz beides ausdrückt, so steht das Unendliche in Anschung des Erkennens, sowol als des Seins unter der Form des Satzes $A=A$. Die Indifferenz von Erkennen und Sein ist also nicht einfache Identität von A als Subject und A als Object, sondern Indifferenz von $A=A$ als Ausdruck des Erkennens und $A=A$ als Ausdruck des Seins".[1])

Da die absolute Identität nur unter der Form einer Indifferenz von Erkennen und Sein ist, so ist sie also nur unter der Form einer Identität der Identität. In dieser höheren Einheit erst ist sie die absolute Identität von Wesen und Form. Als diese wird sie auch A^3, als höchste Potenz des Absoluten bezeichnet, während die Indifferenz durch die niedere Potenz A^2 ausgedrückt

---

[1]) S. W. I. 4. Darst. m. Syst. 122; vergl. S. W. I. 5. Ueber das abs. Ident. 45, 63.

wird, da sie von Seiten der Form noch nicht Identität der Identität ist.[1]

Dass Schellings Absolutes nicht wie die Substanz Spinoza's die Einheit substantiell identischer Attribute ist, ergibt sich als eine historische Consequenz des Entwicklungsganges, welchen die Philosophie durch den Kant'schen transcendentalen Idealismus hindurch genommen hat und von dem Schelling, — allerdings mittelbar — ausgeht. Es ist Letzterem nicht anders möglich als Stoff und Form zu scheiden und die absolute Identität hinsichtlich dieser beiden fundamentalen Bedingungen alles Wissens zu bestimmen.[2]

Wir können also, nach Schellings Formel, die absolute Identität als $(A=A) = (A=A)$ bezeichnen, während die Substanz als Wesenseinheit der Attribute Denken und Ausdehnung bloss mit $A=A$ zu bezeichnen wäre.

Ferner ergibt sich eine Differenz zwischen der Schelling'schen Auffassung der Natur des Absoluten und derjenigen Spinoza's durch die Art, wie bei Beiden die Causalität characterisirt wird.

Indem Schelling das Absolute als Subject-Object fasst, trägt er gleichsam die Factoren, die wir im Erkennen unterscheiden, Stoff und Form ins Absolute hinaus, indem er sie im idealistischen Sinn in der absoluten

---

[1] Schellings absolute Identität erinnert an das Ἕν des Plotin, das in seiner absoluten Einheitlichkeit ebenfalls weder νοῦς, noch νοητόν ist, sondern über diesen Gegensätzen steht. Νοῦς oder νοοῦν, wie es Plotin nennt und νοητόν oder νοούμενον enthalten jedes für sich wieder das andere. So dass, wie es bei Schelling kein Reales ohne Ideales und umgekehrt gibt, auch bei Plotin νοῦς und νοητόν sich wechselseitig einschliessen.

[2] Vergl. S. W. I. 1. Ueber die Mögl. einer Form der Phil. überhaupt.

Vernunft identificirt und so Fichte's subjectives Princip zu einem absoluten erweitert. Da das Subject-Object auf unendliche Weise ist, d. h. als unendliches Subject-Objectiviren seinen Character der Causalität offenbart, es aber als absolute Vernunft gefasst wird, so muss seine Causalität ein Erkenntnissact sein.

„Das Absolute", sagt Schelling, „ist ein ewiger Erkenntnissact, welcher sich selbst Stoff und Form ist, ein Produciren in welchem es auf ewige Weise sich selbst in seiner Ganzheit als Idee, als lautere Identität, zum Realen, zur Form wird und hinwiederum auf gleich ewige Weise sich selbst als Form insofern als Object, in das Wesen oder das Subject auflöst".[1]) „Jede Einheit des Subjectiven und Objectiven thätig gedacht ist ein Erkennen. Ein Erkennen, das gleich unendlich ideal und real ist, ist ein absolutes Erkennen".[2]) „Der relative Idealismus", sagt er in Bezug auf Fichte's Standpunkt, „fasst den absoluten Erkenntnissact zwar als Erkenntnissact, aber nur von seiner idealen Seite mit Ausschluss der realen auf. Im Absoluten sind beide Seiten eins und ein und derselbe Erkenntnissact".[3])

Spinoza's Absolutes ist weder Denken noch Ausdehnung, es ist die ganz indifferent gefasste Substanz, Gott als Inbegriff unendlicher Attribute, Natur als Einheit alles materiell und geistig Existirenden. Aus ihm folgt unendliches auf unendliche Weise, d. h. es ist absolute Causalität, aber kein Prozess des sich Selbst-Erkennens. Es stellt sich in der Auffassung des Absoluten als absolutes Erkennen und der Causalität als Erkenntnissact das idealistische Moment der Philosophie Schellings

---

[1]) S. W. I. 2. Ideen z. ein. Phil. d. N. 63.
[2]) S. W. I. 4. Bruno 323.
[3]) S. W. I. 2. Ideen z. ein. Phil. d. N. 239.

gegenüber dem realistischen Spinoza's deutlich dar. Schelling selbst betont, dass Spinoza das Absolute „als absolutes Object" fasse. Demgemäss findet sich bei Letzterem die Causalität als starre Fassung von unendlichem Wirken auf unendliche Weise, die jedes Moment der Entwicklung ausschliesst.

II. Reales und Ideales und die Attribute.

Schelling bezeichnet in der „Vorerinnerung zur Darstellung meines Systems" die Natur- und die Transcendentalphilosophie als die entgegengesetzten Pole des Philosophirens, welche aus dem Indifferenzpunkt, der Identitätsphilosophie, als coordinirt hervorgehen. Es werden von ihm die Gesetze und Thätigkeiten der Natur mit den Gesetzen und Thätigkeiten des Geistes parallel gesetzt. Die drei Potenzen des Absoluten, die sich in der idealen und realen Welt wiederholen, entsprechen sich in beiden vollkommen.

„Die erste Potenz ist dieselbe in Anschung dessen was wir die reelle und was wir die ideelle Welt nennen". „Wie die erste Potenz, die der Einbildung des Wesens in die Form ist, so bezeichnet die in dem Wesen leuchtende und ihm eingestaltete Form die zweite Potenz . . . . Auch diese Potenz wiederholt sich gleicher Weise in der reellen und ideellen Welt". Die dritte Potenz ist absolute Gleichsetzung des Endlichen und Unendlichen und demnach Vernunft. Im Realen ist die absolute Ineinsbildung beider Einheiten der Organismus, im Idealen das Kunstwerk.[1])

In der Naturphilosophie geht Schelling von einfachen Actionen aus, denen eine ursprüngliche Kraft von

---
[1] Vergl. S. W. I. 4. Fernere Darst. 418 ff.

einer positiven und einer negativen Tendenz zu Grunde liegt, deren Zweige die kosmischen, anorganischen und organischen Kräfte sind. Die Potenzen und Kräfte der organischen Natur sind nur höhere Grade der Potenzen und Kräfte der kosmischen oder allgemeinen und der anorganischen Natur.[1]) So wird die Natur zu einer lebendigen Evolution, der die immer höhere Potenzirung des subjectiven Factors zu Grunde liegt. Eine analoge Evolution vollzieht sich in der Sphäre des Geistes und ihre Potenzen sind die Epochen in der Geschichte des Selbstbewusstseins. Die parallelistische Entwicklung der beiden Reihen verlangt, dass die Natur in der Triplicität ihrer Potenzen: Materie, Licht, Organismus dem Geist in seinen Potenzen: Wissen, Handeln, Kunst entspricht. Schelling hält den Parallelismus der beiden Reihen in seiner Identitätsphase schematisch fest; doch ist in seinem Evolutionsgedanken schon die Bedingung zur Auffassung der beiden Reihen als eines fortlaufenden Entwicklungsprocesses gegeben. Der Parallelismus ist daher nur von schematischer und nicht systematischer Bedeutung bei Schelling. Die ideelle Reihe erscheint als die höhere Potenz der reellen, welche Schelling die „werdende Vernunft" nennt. Schon im transcendentalen Idealismus[2]) sagt er, die Naturphilosophie setzte das Reelle in ein Absolutes, das von sich Ursache und Wirkung ist, „in die absolute Identität von Subjectivem und Objectivem, die wir Natur nennen und die in der höchsten Potenz wieder nichts als Selbstbewusstsein ist". In diesem evolutionistischen Grundgedanken des Systems ist auch die Brücke gegeben,

---

[1] Vergl. S. W. I. 6. Syst. d. ges. Phil. 505 ff.
[2] S. W. I. 3. 356.

die von der Identitäts- zur Freiheitsphase führt, wo die Natur aus ihrer Ebenbürtigkeit mit dem Geiste zurücksinkt zu einer blossen Vorstufe desselben.¹)

Spinoza kennt den Begriff der Entwicklung nicht, weder im Gebiet der Ausdehnung, noch des Denkens gibt es eine Stufenfolge. Es herrscht in seinem System der reine Parallelismus; Ding an Ding und Vorstellung an Vorstellung reihen sich an einander wie die Doppelglieder einer endlosen Kette.

Eine weitere Differenz bezüglich der Attribute hängt mit Schellings Bestimmung des Absoluten als Identität der Identität zusammen, womit er ausdrückt, dass Reales und Ideales nicht als zwei Factoren, sondern als zwei Einheiten im Absoluten identisch seien. Das Ideale, wie das Reale, jedes enthält schon den andern Factor, so dass die ideale Einheit aus dem idealen und realen Factor, von denen der erstere im Uebergewicht ist, besteht ($\overset{+}{A}=B$), während bei der realen Einheit der letztere praevalirt ($A=\overset{+}{B}$). So sagt Schelling:

„Gedanke und Ausdehnung sind nie und in nichts, auch nicht im Gedanken und der Ausdehnung selbst getrennt, sondern durchgängig beisammen und Eins".²) „Die Kraft, die sich in der Masse der Natur ergiesst ist dem Wesen nach dieselbe mit der, welche sich in der geistigen Welt darstellt, nur dass sie dort mit dem Uebergewicht des Reellen, wie hier mit dem des Ideellen zu kämpfen hat . . . ."³) „Dasselbe was im Sein der

---

¹) K. Fischer Gesch. d. n. Phil. 6. 2. 718 bemerkt ganz richtig: „Bei Spinoza fällt die Parallele in die Natur der Dinge, bei Schelling fällt sie in die Construction der Philosophie".
²) S. W. I. 4. Darst. m. Syst. 136.
³) Ibid 128.

Natur mit dem Uebergewicht der Objectivität, ist im Wissen mit dem der Subjectivität . . .".[1] Auch bei Spinoza ist Ausgedehntes und Denken unzertrennlich verbunden kraft ihrer Wesenseinheit; doch als verschiedene Ausdrucksweisen des Absoluten sind Gedanke und Ausdehnung unversöhnliche Gegensätze. Es liesse sich das Körperliche bei Spinoza als ein·B, das Geistige als ein A bezeichnen, die sich im durchgängigen, parallelen Nebeneinander befinden, während bei Schelling das Körperliche als $A \stackrel{+}{=} B$ einem Geistigen als $A \stackrel{-}{=} B$ entsprechen muss.

Die beiden Einheiten sind nach Schelling nicht unmittelbar im Absoluten seinem Wesen nach enthalten, sondern bloss seiner Form nach, während Spinoza die Attribute zu unmittelbaren Wesensbeschaffenheiten der Substanz macht. Schelling als transcendentaler Idealist polemisirt in seinem Bruno[2] gegen diese Auffassung Spinoza's. Das absolute Erkennen, so erklärt er, hält Denken und Sein selbst schon vereinigt in sich auf absolute Weise. Dieses absolute Erkennen ist die Form des Absoluten und mit dem Wesen desselben im Verhältniss der absoluten Indifferenz. Da es aber Denken und Sein unter sich hat, so kann man diese unmöglich zu unmittelbaren Attributen des Absoluten dem Wesen nach machen. Einen solchen Realismus, der Denken und Ausdehnung als die unmittelbaren Attribute des Absoluten ansieht, könne man nicht für vollendet von Seiten der Form anerkennen.

Ferner ergibt sich ein Unterschied in der Attributenlehre beider Philosophen durch die Consequenz, welche

---

[1] S. W. I. 4. Fernere Darst. 413.
[2] S. W. I. 4. 323.

Spinoza aus der Unendlichkeit der Substanz zieht: er folgert nämlich, dass sie aus unendlichen[1], d. h. zahllosen Attributen bestehen müsse. Er erklärt: „quo plus realitatis aut esse unaquaeque res habet, eo plura attributa ipsi competunt".[2] „Nihil etiam clarius quam quod ens absolute infinitum necessario sit definiendum, ens quod constat infinitis attributis, quorum unum quodque aeternam et infinitam certam essentiam exprimit".[3]

Die Bestimmung der zahllosen Attribute, die Spinoza nirgends erklärt, involvirt das Geständniss einer nicht vollkommenen Erkenntniss der unendlichen Substanz. Diese unbekannten Attribute repräsentiren im System Spinoza's einen dunklen, der Erkenntniss unauflösbaren Rest, das Spencer'sche unknowable. Doch sind diese der Vernunft unzugänglichen Attribute, welche Spinoza logisch aus der Unendlichkeit und Vollkommenheit der Substanz folgert, von keiner weiteren Bedeutung in seinem Systeme. Auf die Frage eines Correspondenten, ob andere Wesen aus anderen Attributen bestehend auch jene uns unbekannten Attribute erkennen könnten, antwortet Spinoza ausweichend, indem er ausdrücklich erklärt, dass wir die Vorstellung von zahllosen Attributen bilden „ex idea, quam habemus entis absolute infiniti et non ex eo, quod dentur aut possint dari entia, quae tria, quatuor etc. attributa habeant".[4]

Die Unerkennbarkeit der infinita attributa hat für

---

[1] Spinoza wendet hier unendlich in seiner mathematischen Bedeutung von unendlich Vielem an, wie er es auch bezüglich der Modi thut, während er dasselbe Wort in Bezug auf die Substanz in seiner metaphysischen Bedeutung von positiv und absolut gebraucht.
[2] Eth. I. Prop. IX.
[3] Eth. I. Prop. X. Schol.
[4] Epist. LXIV (olim LXVI).

unsere Erkenntniss Gottes nach Spinoza's Ausspruch keine Nachtheile, wie er an Hugo Boxel schreibt[1]):

„... non dico me Deum omnino cognoscere, sed me quaedam ejus attributa, non autem omnia, neque maximam intelligere partem; et certum est, plurimorum ignorantiam quorundam habere notitiam, non impedire. Quum Euklides elementa addiscerem, primo tres trianguli angulos duobus rectis aequari intelligebam, hancque trianguli proprietatem clare percipiebam, licet multarum aliarum ignarus essem".[2])

Schelling hat dieses Moment in sein System nicht aufgenommen. Aus der schlechthin unendlichen Vernunft folgert er keine zahllosen, der Erkenntniss verschlossenen Factoren, sondern ihm ist das Absolute der Form und dem Wesen nach bekannt, bestimmbar.

Eine weitere Differenz ergibt sich aus der Art, wie bei Schelling der der Subject-Objectivirung zu Grunde liegende Urgegensatz im Absoluten enthalten ist und wie Spinoza die Attribute in der Substanz begriffen denkt. Dort haben wir die absolute Identität, hier die einfache Substanz, aus Beiden gehen Gegensätze hervor und diese müssen unter irgend einer Modalität in der Einheit enthalten sein.

Nach Schelling ist der Urgegensatz zugleich gesetzt mit dem Subject-Object, denn er constituirt den

---

[1]) Epist. LVI (olim LX).
[2]) Diese Antwort erinnert auffallend an Descartes' Erwiderung auf einen Einwurf Gassendi's (Medit. Resp. quint.), dass, wie Einer, der auch nicht Geometrie inne habe, dennoch die Idee des ganzen Triangels besitze, ebenso auch wir, wenngleich unsere Erkenntniss vom Unendlichen nicht erschöpfend sei, dennoch nicht nur einen Theil desselben, sondern es in seiner Ganzheit erfassen.

Begriff desselben.¹) Dieser Urgegensatz in der Identität bedeutet eine Entzweiung in der Einheit. Diese Erscheinung der Duplicität in der Identität und der Identität in der Duplicität ist nur dort, wo das Homogene sich abstösst und das Heterogene sich anzieht. Schelling bezeichnet diese Erscheinung mit dem Ausdruck Polarität, und erblickt in ihr den Character des Universums. Da wir diese Vorgänge am ursprünglichsten in den Phänomenen des Magnetismus wahrnehmen, so gelangt Schelling zur Annahme²), dass die Ursache des allgemeinen Magnetismus auch die Ursache der allgemeinen Duplicität in der Identität sei. So erhält der Magnetismus eine metaphysische Bedeutung und der Magnet wird zum Symbol der Identität in der Duplicität und umgekehrt. Er dient zur Erklärung sowohl wie zur Veranschaulichung der absoluten Identität, ihrer beiden Sphären mit dem positiven und negativen Pol und zur Exemplification der Potenzen und quantitativen Differenzen. Die beiden Factoren, der ideelle und reelle, werden als eine Kraft von positiver und negativer Tendenz gedacht.

Die Ursache des Urgegensatzes lernen wir dadurch allerdings nicht näher kennen, wie Schelling selbst betont, aber er selbst muss in der absoluten Identität, sofern sie Subject-Object ist, enthalten sein. Das Identische muss also als absolute Involution³), als ein dynamisch Unendliches gesetzt werden, wodurch ausgedrückt wird, dass es den Urgegensatz, die Bedingung der Subject-Objectivirung, des Evolutionsprocesses, dynamisch d. h. potentialiter enthält.

---
¹) Vergl. S. W. I. 3. Syst. d. transc. Ideal. 373.
²) Vergl. S. W. I. 3. Entwurf ein. Syst. 251 ff.
³) Ibid. 261.

So sagt Schelling im Bruno[1]), Denken und Sein sei nur der Potenz, nicht aber der That nach im absoluten Erkennen.

Schwieriger ist es, die Modalität des Enthaltenseins der Attribute in der Substanz zu bestimmen. Wie die einzelnen mathematischen Ausdrücke ($1/2+1/2$), ($2-1$), (1×1), $1/1$, $\sqrt{1}$, 1^2 etc. Dasselbe, die Einheit Eins, auf verschiedene Weise, d. h. unter verschiedenen mathematischen Functionen darstellen, so drückt das Attribut das Wesen der Substanz auf verschiedene Weise, d. h. einer bestimmten Wesensbeschaffenheit gemäss, aus. So versteht Spinoza Gott als das „ens absolute infinitum, hoc est, substantiam constantem infinitis attributis"[2]) „quorum unumquodque aeternam et infinitam certam essentiam exprimit".[3]) Ferner characterisirt er das Attribut als das „quod intellectus de substantia percipit tanquam ejusdem essentiam constituens".[4]) Andererseits betont Spinoza die Einfachheit der Substanz, welche ein anderes als potentielles Enthaltensein der Attribute auszuschliessen scheint. — Wir müssen daher die Substanz als die Einheit, gewissermassen den einfachen Träger zahlloser real verschiedener Eigenschaften auffassen, von denen jede Ausdruck ihres Wesens in bestimmter Form ist. Die Attribute sind demnach als realiter verschiedene, doch nicht geschiedene in der Substanz enthalten.

III. Die quantitativen Differenzen und die Modi.

Von der res particularis des Spinoza ist das Schelling'sche Einzelding verschieden, insofern jene

[1]) Vergl. S. W. I. 4. 324.
[2]) Eth. I. Def. VI.
[3]) Eth. I. Prop. X. Schol.
[4]) Eth. I. Def. IV.

nur die Affection des einen oder andern Attributs ausdrückt, daher nur Modus der Ausdehnung oder des Denkens ist, während dieses als quantitative Differenz in beiden Sphären die relative Einheit beider Factoren, d. h. in Anschung des Ganzen das Uebergewicht des einen oder andern Factors ausdrückt. Der Modus ist entweder Modus von A oder B; die quantitative Differenz Grad des Uebergewichts von A in $A\overset{+}{=}B$ oder von B in $A\overset{-}{=}B$.

Ausser den von Gott mittelbar hervorgebrachten Modi unterscheidet Spinoza als Vermittler zwischen diesen und der Substanz noch einen unmittelbaren Modus. Im Attribut der Ausdehnung ist dieser Modus: Bewegung und Ruhe, im Attribut des Denkens: der unendliche Verstand. Diese unmittelbaren Modi sind unendlich und ewig, gehören jedoch schon zur natura naturata. Da Spinoza Eth. V Prop. XL Schol. sagt, dass alle Modi des Denkens zusammen Gottes ewigen und unendlichen Verstand ausmachen, so liegt die Ansicht, die unendlichen Modi für die Summe der endlichen zu halten, nahe, wofür sie auch Erdmann[1]) erklärt, doch sprechen verschiedene Ausführungen Spinoza's dafür, dass sie als die immanente Einheit der Einzeldinge zu denken seien. Auf die Frage[2]) nach den „exempla eorum, quae immediata a Deo producta et quae mediante aliqua modificatione infinita" antwortet Spinoza[3]):

Denique exempla, quae petis, primi generis sunt in Cogitatione intellectus absolute infinitus, in Extensione autem motus et quies; secundi autem facies totius Uni-

---

[1]) Grundriss d. G. d. Phil. II. B. 55.
[2]) Ep. LXIII (olim LXV).
[3]) Ep. LXIV (olim LXVI).

versi¹), quae quamvis infinitis modis variet, manet tamen semper eadem.".

Aus Schol. zu Lemma VII, Prop. XIII, Eth. II geht hervor, dass der unendliche Modus in der Körperwelt als die unveränderliche, ewige Einheit allen Ausdehnungsmodi und ihrem Scheinwechsel zu Grunde liegt und nicht deren blosse Summe ist. In Suppl. II Tract. de Deo etc. sagt Spinoza: „Da . . . Gott ein Wesen ist, . . . welches alle Wesenheiten der geschaffenen Dinge in sich befasst, so wird aus allem dem im Denken notwendiger Weise eine unendliche Vorstellung hervorgebracht, welche die ganze Natur, wie sie wirklich ist, in sich begreift". So erscheint der unendliche Modus in beiden Attributen als die natura naturata, insofern sie auf ewige Weise in der Substanz unmittelbar enthalten ist, als die immanente Einheit, welche die Vielheit der Dinge in sich fasst.

Im Tractatus brevis de Deo²) nennt Spinoza motus und quies und den intellectus infinitus das unmittelbare Erzeugniss Gottes, Gottes Sohn. Insofern er es vom Verstande sagt, erinnert diese theosophische Bezeichnung an die Alexandriner, besonders an Plotin³), der den νοῦς auch den Sohn des Ἕν nennt. Schelling, ohne den Tractatus zu kennen, wählt dieselbe Bezeichnung für das absolute Erkennen, indem er sagt⁴): „jenes absolute Erkennen, ... die Form aller Formen ist

---

¹) Erdmann scheint Frage und Antwort missverstanden zu haben. Facies totius universi ist was mittelst einer unendlichen Modification aus Gott folgt, während er sagt, sie sei das unmittelbar Folgende.
²) I. Theil IX. Cap. II. Theil XXII. Cap.
³) Vergl. Porphyrius Enn. III. 8.
⁴) S. W. I. 4. Bruno 327.

der dem Absoluten eingeborne Sohn, gleich ewig mit ihm" etc. Die Stellung der unendlichen Modi als Vermittlung zwischen der Substanz und den endlichen Modi ist analog derjenigen der Ideen, insofern diese auch zwischen Absolutem und Einzelding das Bindeglied bilden.

IV. Die Potenzen- und Ideenlehre.

Abgesehen von dieser vermittelnden Stellung der Idee, begegnen wir in ihr, wie in den Potenzen, Elementen in der Identitätsphilosophie Schellings, die im Systeme Spinoza's kein Analogon haben und daher einen wichtigen Unterschied im Vergleich der beiden Systeme bilden. Potenzen und Ideen sind beide Differenzirungen des Absoluten. Erstere stellen dieselben in der empirischen Wirklichkeit als Stufen im Process der Subject-Objectivirung dar, letztere hingegen bedeuten die ideellen Subject-Objectivirungen im Absoluten selbst, d. h. die Selbstanschauungen des Absoluten in der Vernunft. Während die Potenzen zur Erscheinungswelt gehören, sind die Ideen in der absoluten Vernunft, wie sie bei Plotin im göttlichen νοῦς sind.

Die Potenzen fassen die quantitativen Differenzen, welche eine endlose Reihe bilden, zusammen, insoferne in ihnen entweder der eine oder andere Factor prävalirt oder Indifferenz beider herrscht, so dass in der idealen, wie in der realen Reihe je drei Potenzen unterschieden werden, analog den drei Potenzen im Ganzen, nämlich der absoluten Identität, der Natur und dem Geist. So fallen z. B. die quantitativen Differenzen, welche das Uebergewicht des objectiven Factors enthalten, unter die Potenz A^1, diejenigen, welche das Uebergewicht des subjectiven Factors ausdrücken, unter A^2 und da, wo „das Affirmirende des Affirmirten oder A^1 und das Affirmirende des Affirmirenden oder A^2 sich durchdringen und multipliciren, entsteht das A^3 oder die Indifferenz, in welcher die Factoren A und B sich zum quantitativen Gleichgewicht reduciren".[1])

Da die Potenzen nun im Einzelnen wie im Ganzen sind und jede relative Identität wieder die drei Potenzen enthalten muss, so folgt, dass die Triplicität der Potenzen notwendige Erscheinungsweise des Alls ist und sich dieses Schema ins Uuendliche wiederholen kann.[2])

Diese Potenzen sind aber nur mittelbare Subject-Objectivirungen des Absoluten, d. h. nur Realisirungen der Ideen. Denn den quantitativen Differenzen der reellen und ideellen Reihe geht eine Ideenwelt als ihr Urbild voran, deren Abbild, wie Schelling platonisirend und neuplatonisirend lehrt, jene sind. Diese Ideen sind immer und notwendig absolut, da in ihnen Allgemeines und Besonderes gleichgesetzt ist. Schelling bezeichnet die Idee als „die Urgestalt, das Wesen in den Dingen, gleichsam das Herz der Dinge"[3]), die absolute Identität dessen, was an ihnen subjectiv und was objectiv ist. Durch sie begreifen wir das Besondere im Absoluten und das Absolute im Besonderen. Darin berührt sich, wie schon erwähnt, die Auffassung der Idee, welche Schelling auch einmal „den unmittelbaren Modus des Erkennens" nennt, in metaphysischer und erkenntnisstheoretischer Beziehung mit dem unendlichen, nicht zeitlichen Modus, welcher

[1] S. W. I. 6. Syst. d. ges. Phil. 211.
[2] Vergl. Ibid. 211 ff.
[3] Ibid. 183.

die Dinge, soferne sie sub specie aeternitatis betrachtet werden, enthält. Die einzig wahre Betrachtung der Dinge ist nach Schelling diejenige, welche sie erfasst, sofern sie in Gott sind, sofern ihre Wesenheit gegründet ist in der Ewigkeit Gottes, d. h. als Ideen.[1])
Diese sind auch die eigentlichen Wissensobjecte der Philiosophie. „Darstellung in intellectueller Anschauung ist philosophische Construction; aber wie die allgemeine Einheit, die allen zu Grunde liegt, so können auch die besonderen, in deren jeder die gleiche Absolutheit des Urwissens aufgenommen wird, nur in der Vernunftanschauung enthalten sein und sind insofern Ideen. Die Philosophie ist also Wissenschaft der Ideen oder der ewigen Urbilder der Dinge".[2])

Diese Ideen sind es, welche in der dritten Phase der Schelling'schen Philosophie die Entstehung der endlichen Welt, die in seiner früheren Phase für unableitbar, für Schein und Nichtseiendes galt, durch ihren Abfall von Gott erklärlich machen. Dieser ewige Act des Abfalls von Gott liegt den endlichen Dingen und dem Bösen zu Grunde. So sind die Ideen, welche in der Identitätsphase, die keinen Uebergang vom Unendlichen zum Endlichen kennt[3]), das wahre Wesen der Dinge, die Besonderheit in der Absolutheit darstellen, nun durch ihren Abfall Ursache der Erscheinungswelt und des Bösen.

---
[1]) Ibid.
[2]) S. W. I. 5. Vorles. über Meth. 255.
[3]) Vergl. Ibid. 278.

B. Allgemeine Uebereinstimmungen und Differenzen der Systeme.

I. Pantheismus und Panpsychosis.

Die Weltanschauung **Spinoza's** und **Schellings** ist Pantheismus. Gott wird als All-Einheit dem Universum oder der Welt gleichgesetzt, dessen immanente, erste Ursache er ist. **Spinoza** und **Schelling** fassen die immanente Ursache, zum Unterschied von der transienten, als ein mit seiner Wirkung Identisches, doch sprechen ihr beide ein begriffliches prius zu, wodurch sie dieselbe von ihrer Wirkung unterscheiden. Gilt für die beiden Glieder einer transienten Causalverbindung die Formel: „ex hoc, ergo post hoc", wo das post ein temporales später ausdrückt, so liesse sich für das immanente Causalverhältniss eine analoge Formel aufstellen in: „in hoc, ergo natura posterius, wo das posterius ein begriffliches später bezeichnet. Causa immanens ist also gleich mit natura prius esse. Dass **Spinoza** und **Schelling** das Verhältniss so auffassen, geht aus folgenden Parallelstellen hervor:

„Substantia natura prior est suis affectionibus".[1)]

„So geht Gott der Idee oder der Natur nach notwendig allem anderen voran".[2)] Gott könne nicht, fügt **Schelling** erklärend hinzu, anderem der Zeit nach

---

[1)] Eth. I. Prop. I.
[2)] Vergl. S. W. 1. 6. Syst. d ges. Phil. 159.

vorangehend gedacht werden. Was aber anderem der Zeit nach nicht vorangehe, könne dieses doch der Idee nach.

Dieselbe pantheistische Gleichsetzung der Natur mit Gott, wie sie durch das ganze System Spinoza's und in der oftmaligen Wiederholung von Deus sive Natura sich ausdrückt, spricht Schelling in seinem Bruno[1]) aus, indem er sagt: „der wahre Gott ist der, ausser welchem nicht die Natur ist, so wie die wahre Natur die, ausser der nicht Gott ist". Das All ist nach Schelling nur die unendliche Selbstaffirmation Gottes und entspricht der unendlichen Substanz bei Spinoza, welche die absoluta affirmatio existentiae ist. Die Substanz in ihren unendlichen Folgen ist das Universum. Denn, sagt Spinoza, Gott ist „die immanente nicht transiente Ursache, in Anbetracht dessen, dass er alles in sich selbst und nichts ausser sich wirkt, da nichts ausser ihm ist".[2])

Schelling erklärt: „die absolute Identität ist nicht Ursache des Universums, sondern das Universum selbst".[3])

So ist nach beiden Philosophen alles in Gott und Gott nicht ausser der Welt. Gemäss dieser Weltanschauung kann nach Schelling „der Zweck der erhabensten Wissenschaft nur dieser sein, die Wirklichkeit, die Gegenwart, das lebendige Da-Sein eines Gottes im Ganzen der Dinge und im Einzelnen darzuthun".[4])

War Schelling in seiner Identitätsphase Pantheist wie Spinoza, so wird hingegen in der nächsten Phase

---

[1]) S. W. I. 4. 307.
[2]) Tract. brev. de deo, Theil I, Cap. III; vergl. ibid. Cap. II und Ep. LXXIII (olim XXI).
[3]) S. W. I. 4. Darst. m. Syst. 129.
[4]) S. W. I. 2. Ueber das Verh. des Ideal. z. Real. 377.

vom Jahre 1809 an dieser Pantheismus von einer theistischen Weltanschauung überwunden. Im Absoluten sondert sich die Natur als sein Grund von ihm selbst und Gott formt sich in Schelling's Philosophie immer deutlicher zur Persönlichkeit. In seinen Untersuchungen über das Wesen der menschlichen Freiheit unterscheidet er im Absoluten 1. den Urgrund Gottes oder den Deus implicitus, 2. die Entzweiung in Grund und Existenz oder den Deus explicitus und 3. die Identität des Entzweiten. Dieser Deus explicitus ist Gott als Persönlichkeit, und es vollzieht sich somit der Uebergang zum theistischen Gottesbegriff. Schelling betont allerdings dem strengen Theismus gegenüber, dass seiner den Grund oder die Natur in Gott anerkenne.

Wie Schelling in der Identitätsphase Spinoza's pantheistische Weltanschauung theilt, so stimmt er auch in der Allbeseelungslehre mit ihm überein, worin Beiden, wie in anderen Punkten, Giordano Bruno vorangeht.

Dieser kämpfend gegen den herrschenden Dualismus von Form und Materie, lässt erstere der letzteren immanent sein, wie bei den Stoikern die $\lambda \acute{o} \gamma o \iota \ \sigma \pi \varepsilon \rho \mu \alpha \tau \iota \varkappa o \iota$ in der $\mathring{v} \lambda \eta$ enthalten sind. Dieses Formprincip ist die Seele, der Geist, welcher allen Dingen innewohnt. Die Minima oder Monaden sind psychisch und materiell zugleich.

Bei Spinoza ergibt sich die Panpsychosis aus der parallelistischen Lehre, nach welcher jedem Modus der Ausdehnung ein Modus des Denkens correspondirt. Wie der menschliche Körper den Gegenstand einer Vorstellung ausmacht, welche Vorstellung eben seine Seele ist, so gibt es auch von allen andern Körpern Vorstellungen. Somit ist jedes Einzelding beseelt. Auf diese Lehren sich beziehend sagt Spinoza[1]):

[1]) Eth. II. Prop. XIII. Schol.

„Nam ea, quae hucusque ostendimus, admodum communia sunt, nec magis ad homines quam ad reliqua Individua pertinent, quae omnia, quamvis diversis gradibus, animata tamen sunt. Nam cujuscunque rei datur necessario in Deo idea, cujus Deus est causa, eodem modo ac humani corporis diximus, id de cujuscunque rei idea necessario dicendum est".

Bei Schelling ist mit der durchgängigen unzertrennlichen Verbindung des Idealen und Realen, welche in jedem Einzelding die relative Identität darstellt, die allgemeine Beseelung gegeben. Nichts ist rein geistig, noch rein körperlich bei ihm, folglich ist alles, nur in verschiedenen Graden, beseelt. Selbst in jenen Erscheinungen, die am negativen Pole das grösste Uebergewicht des reellen Factors ausdrücken, muss sich das Positive, der Geist, noch offenbaren. So sagt Schelling:

„Da in dem Universum die Form der Subject-Objectivirung sich ins Unendliche verzweigt, so kann auch die Materie, obgleich sie sich hier als an der äussersten Grenze der Realität in die reine Objectivität und Leiblichkeit zu verlieren scheint, doch nicht unbeseelt gedacht werden. Die Beseelung ist ihr durch den ersten Act der Einbildung des Unendlichen ins Endliche, von dem sie der äusserste Moment ist, mitgetheilt" . . . .[1])

„Die Materie als Materie ist auch schon Perception, Monas, wie Leibnitz sich ausdrückt".[2]) „Die notwendige Form aller Existenz ist Individumm, d. h. dass der Leib als Leib unmittelbar auch Seele, die Seele als Seele unmittelbar auch Leib ist".[3])

---

[1]) S. W. I. 2 Ideen z. ein. Phil. d. N. 146.
[2]) S. W. I. 6. Syst. d. ges. Phil. 499.
[3]) Ibid 502.

II. Organisch-teleologische und mechanische Naturerklärung.

Stimmen Schelling und Spinoza einerseits darin überein, dass alles in verschiedenem Grade beseelt sei, so ergibt sich andererseits eine bedeutende Differenz hinsichtlich der organisch-teleologischen Naturauffassung des Ersteren und der mechanischen, zweckverwerfenden des Letzteren.

Wie schon erwähnt, hat Schellings Lehre evolutionistischen Character. Das Absolute ist nicht ruhendes Sein, das auf unendliche Weisen sich offenbart, sondern ein Evolutionsprocess. Das Absolute in seiner Evolution ist die absolute Totalität, das Universum, worunter nicht bloss das materielle Universum, sondern die Gesammtheit der reellen und ideellen Entwicklungsreihe zu verstehen ist. Der Character des Universums ist, wie schon erwähnt, Polarität, d. h. Identität in der Duplicität und Duplicität in der Identität. Nach Schelling ist die Polarität aber auch das Unterscheidende alles Organismus.[1]) Das Universum ist daher als organisches Ganzes zu fassen, dessen lebendige Einheit Schelling auch Weltseele nennt und zuweilen mit dem Lichte, dem verständigen Aether der Alten, identificirt.[2])

Das Universum als Organismus wird als ein lebendiges Ganze gefasst und das vitalistische Princip tritt in der allgemeinen Naturerklärung Schellings in den Vordergrund.

„Das Leben ist nicht Eigenschaft oder Product der thierischen Materie, sondern umgekehrt die Materie ist

---

[1) Vergl. S. W. I. 3. Erster Entw. 218.
[2) Vergl. S. W. I. 2. Ideen zu ein. Phil. 174; S. W. I. 2. Ueber d. Verh. d. Id. u. Real. 369.

Product des Lebens. Der Organismus ist nicht Eigenschaft einzelner Naturdinge, sondern umgekehrt die einzelnen Naturdinge sind ebenso viele Beschränkungen oder einzelne Anschauungsweisen des allgemeinen Organismus . . . . Das Wesentliche aller Dinge ist das Leben, das Accidentelle ist nur die Art ihres Lebens und auch das Todte in der Natur ist nicht an sich todt, ist nur das erloschene Leben".[1]) „Wir nennen Thier nur das relative Thier, für welches der Stoff seines Bestehens in der unorganischen Materie liegt; der Weltkörper aber ist das absolute Thier, das alles, dessen es bedarf, also auch das, was für das relative Thier noch als unorganischer Stoff ausser ihm ist, in sich selbst hat".[2])

Jener Urgegensatz, der als transcendentaler ins Absolute selbst fällt und als letzter Erklärungsgrund des Weltprocesses, der Subject-Objectivirung, dient, tritt in der Natur zu einzelnen Gegensätzen potenzirt in Erscheinung.

„Es ist also Ein Dualismus", sagt Schelling, „der durch die ganze Natur geht und die einzelnen Gegensätze, die wir im Universum erblicken, sind nur Sprösslinge jenes einen Urgegensatzes, zwischen welchem das Universum selbst fällt".[3])

Die Naturphilosophie hat nun zum Gegenstand die Evolution eines dynamisch Unendlichen und setzt das Reelle in ein Absolutes, nämlich in die Natur als unendliche Productivität. Sie geht von einer ursprünglichen Kraft, die sich potenzirend in mehrere verzweigt, aus und erklärt so dynamisch. Ihr ist das Einfache kein

---

[1] S. W. I. 2. Ueber das Verh. d. Id. u. Real. 500.
[2] S. W. I. 2. Ideen z. ein. Phil. 189.
[3] S. W. I. 3. Erster Entw. 250.

Product, sondern die einfache Action, das ursprünglich Productive, welche Erklärungsweise Schelling dynamische Atomistik bezeichnet. Die Naturphilosophie kennt keinen generellen, sondern nur einen graduellen Unterschied zwischen anorganischem und organischem Product, denn die anorganischen und organischen Kräfte sind nur Zweige einer und derselben Kraft, nur niedere und höhere Potenzen derselben.[1])

Der Mechanismus kann in einem System, welches das Weltganze organisch und die Natur als ein in sich selbst zurückkehrendes Sein dynamisch erklärt, nur ein dem allgemeinen Organismus untergeordnetes Moment sein und Schelling sagt daher:

„Von dieser Höhe angesehen verschwinden die einzelnen Successionen von Ursachen und Wirkungen, die mit dem Scheine des Mechanismus uns täuschen, als unendlich kleine gerade Linien in der allgemeinen Kreislinie des Organismus, in welcher die Welt selbst fortläuft".[2])

Jede Entwicklung lässt einen Zweck erkennen, sonst wäre sie blosse Wandlung, ziellose, unvernünftige Veränderung. Der ewige Erkenntnissact Schellings, zerlegt in seine Momente, weist eine immer steigende Potenzirung des subjectiven Factors auf, bis in der höchsten Potenz der ideellen Reihe das Absolute sich selbst anschaut und als Selbsterkennen sich realisirt. Dass dieser Evolution auf allen ihren Stufen ein Zweck innewohnt, ergibt sich aus der unzertrennlichen Verbindung des ideellen und reellen Factors, wie aus der Fassung der absoluten Identität als absolute Vernunft.

---

[1] Vergl. Ibid. 25—211.
[2] S. W. I. 2. Von der Weltseele 350.

Das gestaltende, geistige Princip ist schon im äussersten negativen Pol der reellen Reihe thätig und wirkt, wenngleich unbewusst, in den Productionen der Natur auf zweckmässige Weise. Durch die Annahme eines Subjectiven und Objectiven in der Natur gelingt es Schelling, das Regelmässige und Zweckentsprechende in ihr zu erklären. Wird die Natur als werdende Intelligenz, als Organismus der Vernunft gefasst, so muss der Zweckgedanke schon in ihr unbewusst wirken. Bei Schelling, der in seiner teleologischen Naturerklärung an Kants Kritik der teleologischen Urtheilskraft anknüpft, wird, da er Natur wie Geist als eine Einheit von Stoff und Form, Realem und Idealem auffasst, der von Kant bloss als Formprincip anerkannte Zweckbegriff zu einem der Natur immanenten, gestaltenden Princip. Die Zweckbegriffe sind nach Kant und Schelling notwendige. Jedoch ist nach Ersterem der Zweck ein bloss regulatives, nicht constitutives, ein blosses Reflexionsprincip, entspringend aus der teleologischen Urtheilskraft. Dass wir die Producte der Natur nach einer andern Art der Causalität als der mechanischen ansehen, ist nach ihm eine Folge aus der besonderen Beschaffenheit unseres Verstandes. Die Objectivität der Naturzweckmässigkeit ist nur durch die übereinstimmende Beschaffenheit der Verstandeswesen gegeben und objectiv ist hier, wie immer bei Kant, gleich allgemein subjectiv. Kant sagt in der Kritik der Urtheilskraft: ein intuitiver Verstand könnte die Möglichkeit der Theile, ihrer Beschaffenheit und Verbindung nach, als in dem Ganzen begründet vorstellen und so mechanische und Zweckursachen als identisch erkennen. Aber diesen intuitiven Verstand besitze der Mensch nicht.

Schelling, dessen Philosophie Construction im

Absoluten oder in der intellectuellen Anschauung ist, der diesen intuitiven Verstand als Vernunftanschauung zum eigentlichen philosophischen Organ erhebt, hat mehrere Male diese Identität ausgesprochen. — Er lehrt nicht bloss die Notwendigkeit des Zweckbegriffs als Erkenntnissprincip, sondern auch die objective Zweckbethätigung in der Natur. So sagt er:

„Nicht dass die Naturdinge überhaupt zweckmässig sind, sowie jedes Werk der Kunst auch zweckmässig ist, sondern dass diese Zweckmässigkeit etwas ist, das ihnen von aussen gar nicht mitgetheilt werden konnte, dass sie zweckmässig sind ursprünglich, durch sich selbst, ist's, das wir erklärt wissen wollen . . . ."[1] Ihr seid genötigt einzuräumen, „dass die Zweckmässigkeit der Naturproducte in ihnen selbst wohnt, dass sie objectiv und real, dass sie also nicht zu euren willkürlichen, sondern zu euren notwendigen Vorstellungen gehört".[2] „Nach dieser Ansicht, dass die Natur nur der sichtbare Organismus unsres Verstandes ist, kann die Natur nicht anders als das Regel- und Zweckmässige produciren und die Natur ist gezwungen, es zu produciren. Sie producirt es mit Notwendigkeit".[3]

Bei Spinoza herrscht in der Körperwelt, wie bei Descartes, Druck und Stoss, die auf jener ursprünglichen Bewegung beruhen, die von Ewigkeit her als unendlicher Modus unmittelbar aus Gott folgt.[4] Durch diesen unendlichen Modus der Bewegung und Ruhe erklärt sich jeder Vorgang im Gebiet der Ausdehnung. Denn jedes besondere körperliche Ding ist nichts Anderes

---

[1] S. W. 1. 2. Ideen z. einer Phil. 45.
[2] Ibid. 43.
[3] S. W. 1. 3. Einl. z. Entw. 272.
[4] Vergl. Tract. brevis de deo I. Cap. IX.

als eine gewisse Proportion von Bewegung und Ruhe[1]) und jede körperliche Veränderung demgemäss nur eine Modification von Bewegungsverhältnissen.[2])

Alle Vorgänge in diesem Attribute können daher nur nach den Gesetzen der Mechanik, wie sie das 2. Buch der Ethik behandelt, adäquat erklärt werden.

Ebenso wenig wie eine organische ist eine teleologische Naturerklärung bei Spinoza möglich, denn Ausdehnung und Denken sind zwei vollkommen geschiedene Reiche, und in der Natur wirkt kein geistiges Princip. Spinoza's System schliesst aber nicht bloss jedes den Naturdingen immanente, objective Zweckprincip aus, sondern er verwirft sogar den Begriff der Zweckmässigkeit als regulatives Princip in der Naturerklärung. Nur im menschlichen Handeln, das vom Selbsterhaltungstriebe geleitet ein Ziel zu erreichen strebt, kann es Zweckmässigkeit geben, und darin hat jeder Zweckgedanke seinen Ursprung. Die causa finalis in der Natur ist aber ein verderbliches Präjudicium, ein Product der Einbildungskraft, das nur zu Irrthümern führt.

„... naturam", sagt Spinoza, „finem nullum sibi praefixum habere et omnes causas finales nihil nisi humana esse figmenta".[3]) Die Menschen, getrieben die Endursachen aller Dinge zu erkennen und zu erklären, wären von einem anthropologischen Vorurtheil immer tiefer in den Aberglauben gerathen, „nisi Mathesis, quae non circa fines, sed tantum circa figurarum essentias et proprietates versatur, aliam veritatis normam hominibus ostendisset . . ."[4])

---

[1]) Vergl. Ibid. Appendix II. Von der menschl. Seele.
[2]) Vergl. Ibid. II. Vorrede.
[3]) Eth. I. App.
[4]) Ibid.

So hat die Verwerfung jedes Zweckbegriffs und jedes Zweckes in den Dingen ihren Grund in der mathematischen Auffassung und Methode, welche jede Zweckerklärung ausschliesst.

An das Organische in der Natur reiht sich unmittelbar das Schöne an; wird die Natur rein mechanisch erklärt, so verliert das Schöne seine objective Begründung. Wir finden Schelling vielfach mit dem Problem des Schönen beschäftigt, wie in seiner Philosophie der Kunst, wo sich seine organische Weltanschauung zur ästhetischen erhebt. In Spinoza's System ist durch die mathematisch-mechanische Naturbetrachtung, welche sogar die Gemütsphänomene den Gesetzen der Statik unterwirft, wie der organischen, so auch der ästhetischen Auffassung die metaphysische Basis entzogen.

III. Die freie Notwendigkeit und das arbitrium liberum.

Absolute Freiheit und absolute Notwendigkeit drücken nach Spinoza und Schelling, in den ersten Phasen seiner Philosophie, dasselbe aus: nämlich das Sein und Handeln nach den innern Gesetzen seines Wesens. Dass Gott aus Freiheit, d. h. aus der innern Notwendigkeit seiner Natur wirkt, darin stimmen Bruno, Spinoza und Schelling überein. Nach dem Renaissancephilosophen hat Gott die Welten durch einen Act der innern Notwendigkeit hervorgehen lassen, daher ohne Zwang, mit Freiheit. Nach Spinoza wird frei genannt: „ea res .... quae ex sola suae naturae necessitate existit et a se sola ad agendum determinatur: necessaria autem, vel potius coacta, quae ab alio determinatur ad exi-

stendum et operandum certa ac determinata ratione".[1]
In Epistel LVIII (olim LXII) erklärt er: "Vides me libertatem non in libero decreto, sed in libera necessitate ponere". Gott als causa sui kann daher nur freie Notwendigkeit sein und als freie Ursache, natura naturans, wirken; die Modi hingegen, die in einem andern sind, die natura naturata ist nur notwendig oder gezwungen da.[2]

Aehnlich sagt Schelling: "Die absolute Freiheit ist nichts anderes als die absolute Bestimmung des Unbedingten durch die blossen Gesetze seines Seins".[3] "Absolute Freiheit aber ist identisch mit absoluter Notwendigkeit. Könnten wir uns z. B. ein Handeln in Gott denken, so müsste es absolut frei sein, aber diese absolute Freiheit wäre zugleich absolute Notwendigkeit, weil in Gott kein Gesetz und kein Handeln denkbar ist, was nicht aus der innern Notwendigkeit seiner Natur hervorgeht. Ein solcher Act ist der ursprüngliche des Selbstbewusstseins, absolut frei, weil er durch nichts ausser dem Ich bestimmt ist, absolut notwendig, weil er aus der innern Notwendigkeit der Natur des Ichs hervorgeht".[4]

Diese Identität von Freiheit und Notwendigkeit erklärt nach Schelling auch die Analogie zwischen dem zweckbewussten menschlichen Handeln und dem Produciren der Natur, auf welche sich eine anthropomorphistische Naturauffassung zu stützen pflegt. Sie ist das einheitliche Erklärungsprincip für die geometrische Gesetzmässigkeit, wie sie sich in den gleichmässigen Bewe-

---
[1] Eth. I. Def. VII.
[2] Vergl. Ep. LVI (olim LX).
[3] S. W. I. 1. Vom Ich 235.
[4] S. W. I. 3. Transc. Ideal. 395.

gungen der Weltkörper, in den Kristallbildungen der Mineralien offenbart, für die organische Zweckmässigkeit, für die erstaunlichen Schöpfungen des thierischen Kunsttriebs, für alle Erscheinungen und Verhältnisse in der Natur, die uns so vollkommen, vernünftig und geordnet dünken.

„Die Natur", sagt Schelling, „producirt diese äussere, geometrische Vollkommenheit aus keinem andern Grunde, als aus welchem sie jene innere organische producirt. Dieser Grund aber ist kein anderer als eben die blinde Notwendigkeit, mit welcher die Natur überhaupt handelt. Wäre in der Natur überhaupt Zufall, — auch nur Ein Zufall, — so würdest du sie in allgemeiner Regellosigkeit erblicken. Weil aber alles, was in ihr geschieht, mit blinder Notwendigkeit geschieht, so ist alles, was geschieht oder was entsteht, Ausdruck eines ewigen Gesetzes und einer unverletzbaren Form. Und darum erblickst du in der Natur deinen eigenen Verstand, darum scheint sie dir für dich zu produciren. Und darum nur hast du recht, in ihren regelmässigen Productionen ein Analogon der Freiheit zu sehen, **weil eben die unbedingte Notwendigkeit wieder zur Freiheit wird**".[1])

Diese Identificirung von Notwendigkeit und Freiheit im Absoluten geht in der späteren Philosophie Schellings wieder in Differencirung über. Notwendigkeit und Freiheit treten in Gott auseinander. Der dunkle Grund, die Natur in Gott ist das Unpersönliche, das Notwendige. Indem sich Gott über dieses notwendige Sein erhebt, wird er persönlich und frei. So sagt Schelling in den Weltaltern[2]):

---

[1]) S. W. I. 3. Erster Entwurf ein. Syst. 186.
[2]) S. W. I. 8. 209 f.

„Es ist in Gott Notwendigkeit und Freiheit . . . Die Notwendigkeit liegt der Freiheit zu Grunde und ist in Gott selbst das Erste und Aelteste . . . . Ob nun gleich der Gott, welcher der notwendige, derselbe ist, welcher der freie ist, so sind beide doch nicht einerlei. — Durch die Freiheit überwindet Gott die Notwendigkeit seiner Natur in der Schöpfung, und es ist die Freiheit, die über die Notwendigkeit, nicht die Notwendigkeit, die über die Freiheit kommt".

In ihrer Stellung zu dem schwierigen Problem der menschlichen Willensfreiheit verhalten sich Spinoza und Schelling verschieden.

Da bei Spinoza in der natura naturata alles aus der Notwendigkeit der göttlichen Natur bestimmt ist, nicht nur da zu sein, sondern auf gewisse Weise da zu sein und zu wirken, so ist in ihr keine Freiheit möglich.[1]) Spinoza ist consequenter Determinist und der streng notwendige Causalnexus, der in der Körperreihe und der ihr parallel laufenden Vorstellungsreihe herrscht und einen Modus aus einem andern nach mechanisch-mathematischen Gesetzen folgen lässt, erleidet auch keine Unterbrechung zu Gunsten der Spontaneïtät des menschlichen Geistes. Der Wille ist überhaupt nur ein Modus des Denkens, Wollen und Nichtwollen nur Bejahen und Verneinen einer Vorstellung. Mit den Denkmodi stehen daher auch die einzelnen Volitionen in notwendiger Causalverbindung.

„Voluntas", sagt Spinoza[2]), „certus tantum cogitandi modus est, sicuti intellectus; adeoque unaquaeque volitio non potest existere neque ad operandum deter-

---
[1]) Vergl. Eth. I. Prop. XXXIII.
[2]) Eth. I. Prop. XXXII. Dem.; vergl. Eth. II. Prop. XLVIII. und XLIX. Dem. Schol.

minari, nisi ab alia causa determinetur .... adeoque non potest dici causa libera, sed tantum necessaria vel coacta". Wie die Naturzweckmässigkeit, so ist auch das liberum arbitrium ein aus inadäquater Erkenntniss folgender Irrthum, ein Vorurtheil, das eine adäquate Betrachtungsweise zerstören muss, „Nempe falluntur homines, quod se liberos esse putant, quae opinio in hoc solo consistit, quod suarum actionum sint conscii et ignari causarum, a quibus determinantur".[1]

Mit dem Zweckbegriff und der Willensfreiheit fällt auch der Unterschied von Ordnung und Unordnung, Schön und Hässlich, Gut und Schlecht, Verdienst und Sünde dahin, welche Begriffe nur Product einer falschen Auffassung, der Einbildungskraft sind, welche den Menschen, die ohne Kenntniss der Ursachen auf die Welt kommen und alle den Trieb haben, dessen sie sich bewusst sind, das ihnen Nützliche zu suchen, ein Weltbild entwirft, das der wahren Erkenntniss der Vernunft widerspricht.[2]

In seiner Fichte'schen Phase erklärt Schelling die Freiheit des empirischen Ichs als in der absoluten Freiheit des absoluten Ich gegründet, aber von dieser durch die Schranken, die allem Endlichen, Empirischen zukommen, verschieden. So sagt er[3]: „Dass nämlich das empirische Ich Ich ist, verdankt es derselben absoluten Causalität, durch welche das absolute Ich Ich ist; den Objecten aber verdankt es nichts als seine Schranken und die Endlichkeit seiner Causalität. Also ist die Causalität des empirischen Ichs von der des absoluten schlechterdings nicht dem Princip (der Qualität), sondern nur der Quantität nach verschieden".

---

[1] Eth. II. Prop. XXXV. Schol.
[2] Vergl. Eth. I. App.
[3] S. W. I. 1. Vom Ich 236.

Die Freiheit des empirischen Ichs ist aber nur durch ein Factum realisirbar, durch welches sie als identisch mit der absoluten gesetzt wird. Daher das practische Postulat der Aufhebung der Schranken.

Im transcendentalen Idealismus, der noch nicht in die eigentliche Identitätsphase fällt, wird das empirische Ich als in seinem Handeln zwischen dem Naturtrieb, der objectiven Thätigkeit des absoluten Willens und dem Sittengesetz, der ideellen auf Selbstbestimmung gehenden Thätigkeit desselben, schwebend, für frei, d. h. sich einer Wahl zwischen Entgegengesetztem bewusst, bestimmt. Der Wille kann nur, sofern er empirisch ist oder erscheint, frei im transcendentalen Sinne genannt werden. „Insofern aber der absolute Wille erscheint, kann er, um als absoluter zu erscheinen, nur durch Willkür erscheinen".[1])

In der Identitätsphase beschäftigt sich Schelling nicht mit dem Problem der Willensfreiheit. Die strenge Notwendigkeit alles Geschehens macht sich allerdings in deterministischer Weise in der ganzen Auffassung Schellings geltend und die Verwerfung aller Gegensätze nähert ihn auch in diesem Punkte Spinoza. In den Vorlesungen über Methode sagt er: „Es verhält sich mit diesen (Wissen und Handeln) wie mit allen andern Gegensätzen, dass sie nur sind, so lange jedes Glied nicht für sich absolut, demnach bloss mit endlichem Verstande aufgefasst wird".[2])

„Diejenige Freiheit, die man im empirischen Handeln sucht oder zu erblicken glaubt, ist ebenso wenig wahre

---

[1] S. W. I. 3. 577.
[2] S. W. I. 5. 220.

Freiheit und ebenso Täuschung wie die Wahrheit, die im empirischen Wissen".¹)

Jedoch in der dritten Phase seiner philosophischen Entwicklung, wo Spinoza's Einfluss zu Gunsten des immer mehr hervortretenden von Jakob Böhme und andern deutschen Theosophen verschwindet, tritt das Problem der Willensfreiheit und des Bösen in den philosophischen Untersuchungen Schellings in den Vordergrund und seine Lösungen desselben stehen in diametralem Gegensatz zu denen seines einstmaligen Vorbildes. Seine Auffassung der menschlichen Freiheit stimmt thatsächlich mit der dualistischen Kants überein, wenngleich sie eine andere principielle Begründung erhält. Schelling unterscheidet mit Kant einen intelligiblen Character, die freie vorzeitliche Selbstbestimmung, und einen empirischen, der dem Causalitätsgesetz unterliegt. Frei ist der Mensch nur in seiner intelligiblen That, im empirischen Handeln ist er determinirt. Diese Unterscheidung ergibt sich bei Kant aus seinen fundamentalen Bestimmungen von Noumena und Phaenomena; das Ich als Noumenon ist frei, als Phaenomenon der Causalität unterworfen. Bei Schelling wird diese intelligible Freiheitsthat, in der das Ich im vorzeitlichen Sein sich selbst bestimmt, davon abgeleitet, dass der Mensch in Gott, im Centro und an dessen Freiheit theilhaftig sei. Die Freiheit besteht in der Wahlmöglichkeit zwischen Gutem und Bösem. Letzteres ist ein Positives, Ursprüngliches, das in Gott, sofern er Grund seiner Existenz ist, in der Natur, wurzelt.

---
¹) Ibid. 222.

C. Die Erkenntnisstheorie Schellings und Spinoza's.

a. Verwandtschaft.

I. Die intellectuelle Anschauung und die scientia intuitiva.

Schelling unterscheidet die begrifflich vermittelte Erkenntniss als Verstandeserkennen oder Reflexion von der unmittelbaren Erkenntniss, der Intuition oder Vernunftanschauung. Da er Beiden eine verschiedene Sphäre anweist, in der sie sich bethätigen, da die Reflexion nicht dieselben Objecte erkennen kann, wie die Vernunftanschauung, so ist der erkenntnisstheoretische Werth dieser beiden Erkenntnissweisen bedingt durch die metaphysische Realität oder nicht Nichtrealität ihrer Objecte. Schelling erklärt nun die Reflexion als eine ganz untergeordnete Erkenntnissart, welche sich mit ihren Begriffen, Urtheilen und Schlüssen, dem ganzen logischen Apparat des discursiven Denkens, doch immer nur in der Sphäre des Endlichen, d. h. in der Erscheinungswelt bewegen kann, während der Vernunftanschauung allein die Erkenntniss des Absoluten zugänglich ist.

„Die Reflexion oder Verstandeserkenntniss", sagt er, „ist untergeordneter Art, auch die Erkenntniss durch Schlüsse ist keine wahre Erkenntniss der Vernunft .... Die höchste Erkenntnissart wird diejenige sein, durch welche Endliches und Unendliches im Ewigen, nicht aber durch welche das Ewige im Endlichen oder Unendlichen erblickt wird".[1]) — „Gott oder das Absolute ist der einzige unmittelbare Gegenstand der Erkenntniss, alle andere Erkenntniss nur eine mittelbare".[2])

Also nicht das begriffliche Denken, sondern die Anschauung ist die höchste Erkenntnissart; „sie ist das Vermögen überhaupt, das Allgemeine im Besonderen, das Unendliche im Endlichen, Beide zur lebendigen Einheit vereinigt zu sehen".[3]) Dieses Vermögen des Zusammenfassens und Verschmelzens der Gegensätze, des In-Eins-Schauens von Subjectivem und Objectivem, dieses Erfassen des unterschiedslosen Einen ist nur durch „das Organ des transcendentalen Denkens"[4]), nur durch die intellectuelle Anschauung möglich. „Wir nennen diese Erkenntniss", sagt Schelling[5]), „intellectuelle Anschauung. Anschauung, denn alle Anschauung ist Gleichsetzen von Denken und Sein und nur in der Anschauung überhaupt ist Realität .... Intellectuell nennen wir diese Anschauung, weil sie Vernunftanschauung ist ..."

Die Reflexion hingegen ist nur inadäquate Erkenntniss, denn sie reisst alles in Gegensätze auseinander, betrachtet Sein und Denken getrennt eins von dem andern; wenn sie dieselben vereinigen will, so gelangt sie nicht weiter als zu einer logisch formalen Synthese und vermag daher nie die absolute Identität als absolute Einheit der Gegensätze zu erfassen.

---

[1] S. W. I. 4. Bruno 300.
[2] S. W. I. 6. System d. gesammten Phil. 151.
[3] S. W. I. 4. Fernere Darst. 362.
[4] S. W. I. 3. System d. transc. Id. 369.
[5] S. W. I. 4. Fernere Darst. 369.

„Die Reflexion beruht ihrer Natur nach auf der Entgegensetzung des Denkens und Seins".[1]) „Begriffe sind nur Schatten der Realität, entworfen durch ein reproductives Vermögen, den Verstand, welcher selbst ein Höheres voraussetzt".[2]) Wer nun das Sein des Absoluten auf diesem Wege der Verstandeswissenschaft, auf dem Wege des discursiven Denkens sucht, auf dem ein Beweis desselben unmöglich ist, hat nach Schelling noch nicht die Schwelle der Philosophie begrüsst.[3])

So finden wir also bei Schelling die Reflexion als inadäquate, niedere Erkenntnissart dem intuitiven oder speculativen Erkennen als der höchsten Erkenntnissart, welcher allein das Absolute sich erschliesst, gegenübergestellt.

Bei Spinoza werden im Tractatus de intellectus emendatione 4 Arten der Erkenntniss erwähnt, von denen nur die letzte eine adäquate ist. Es ist diese die Erkenntniss durch Begreifen einer Sache aus ihrer Wesenheit oder nächsten Ursache. In der Ethik unterscheidet er die beiden ersten als „cognitionem primi generis, opinionem vel imaginationem", die dritte als „rationem et secundi generis cognitionem". In Bezug auf die vierte sagt er: „practer hoc duo cognitionis genera datur . . . aliud tertium, quod scientiam intuitivam vocabimus".[4]) Daselbst erklärt er ratio und scientia intuitiva für adäquate Erkenntnissweisen. An dem mathematischen Beispiel[5]) der Auffindung einer Unbe-

---

[1]) Ibid. 364.
[2]) S. W. I. 3. Syst. d. transc. Id. 427.
[3]) S. W. I. 4. Bruno 299.
[4]) II. Prop. XL. Schol. II.
[5]) Tract. de int. emend. pag. 9.

kannten in einer Regel-de-tri erläutert **Spinoza** auf treffende Weise die vier Erkenntnissarten. Nachdem er gezeigt, wie die dritte Art von den Mathematikern angewendet wird, welche auf die Beweise **Euklid's** gestützt wissen, welche Zahlen unter sich proportional sind, fügt er hinzu: „attamen adaequatam proportionalitatem datorum numerorum non vident, et si videant non vident eam vi illius proportionis, sed intuitive, nullam operationem facientes".

Damit in Uebereinstimmung sagt **Spinoza** an demselben Beispiel demonstrirend im Tractatus brevis de deo etc.: „Der Vierte, welcher die allerklarste Erkenntniss besitzt, hat weder das Hörensagen, noch die Erfahrung, noch die logische Methode nötig, weil er durch seine Intuition sofort die Proportionalität in allen den Rechnungen ersieht".[1]

Im 2. Theil, 2. Capitel derselben Abhandlung erklärt **Spinoza**: „klare Erkenntniss nennen wir diejenige, welche nicht durch vernunftgemässe Ueberzeugung, sondern durch Gefühl und Genuss der Dinge selbst geschieht, sie geht den andern weit vor".

In Bezug auf die Entstehung der scientia intuitiva lehrt er daselbst: „dass diese Art der Erkenntniss nicht als Folge aus etwas Anderem, sondern durch eine unmittelbare Kundgebung des Gegenstandes selbst an den Verstand entstehe".

Die Intuition als unmittelbare Erkenntniss des Absoluten trägt bei beiden Philosophen die höchste Gewissheit an sich. Bei **Spinoza** bedarf es keines Kriterions der Wahrheit, indem die adäquate Idee selbst den Character des Wahren an sich trägt und diesen als

---

[1] II. Theil I. Cap.

untrügliche Gewissheit offenbart. Sie hat alle inneren Merkmale einer wahren Idee[1]) an sich, nämlich Deutlichkeit und Klarheit wie bei Descartes, welche die Gewissheit involviren.

„Hinc patet, quod certitudo nihil sit praeter ipsam essentiam objectivam; id est modus, quo sentimus essentiam formalem, est ipsa certitudo. Unde iterum patet, quod ad certitudinem veritatis nullo alio signo sit opus, quam veram habere ideam . . . ."[2])

Wie hoch Spinoza die Intuition als unmittelbare Erkenntniss über die Ratio, die gleichfalls adäquate Erkenntnissweise, jedoch mittelst der notiones communes ist, stellt und ihr den höchsten Grad der Existenz zuspricht, geht aus Folgendem hervor, das er bei Gelegenheit der intellectuellen Liebe sagt[3]):

„Deinde quia nostrae Mentis essentia in sola cognitione consistit, cujus principium et fundamentum Deus est, hinc perspicuum nobis sit, quomodo et qua ratione Mens nostra secundum essentiam et existentiam ex natura divina sequatur et continuo a Deo pendeat; quod hic notare operae pretium duxi, ut hoc exemplo ostenderem, quam rerum singularium cognitio, quam intuitivam sive tertii generis appellavi, polleat, potiorque sit cognitione universali, quam secundi generis esse dixi. Nam quamvis in prima parte generaliter ostenderim, omnia a Deo secundum essentiam et existentiam pendere; illa tamen demonstratio tametsi legitima sit et extra dubitationis aleam posita, non ita tamen Mentem nostram afficit, quam quando

---

[1], Eth. I. Prop. VIII. Schol. II.; Eth. II. Def. IV.; Epist. LX. (olim LXIV).
[2]) Tract. de int. emend. pag. 12.
[3]) Eth. V. Prop. XXXVI. Schol.

id ipsum ex ipsa essentia rei cujuscumque singularis, qua a Deo pendere dicimus, concluditur".

Bei **Schelling** beruht auf der intellectuellen Anschauung, auf dem Punkte, wo Wissen um das Absolute und das Absolute zusammentreffen, die Philosophie und die Sicherheit ihrer Methode, der Construction oder Demonstration. Denn „von ihm geht alle philosophische Evidenz aus und er selbst ist die höchste Evidenz".[1]
Die intellectuelle Anschauung **Schellings** stimmt also mit der scientia intuitiva, insofern **Spinoza** das rein intuitive Moment an ihr betont, überein:

1. in dem Erkenntnissobject, das für beide das Absolute selbst oder das Einzelding im Ewigen, sub specie aeternitatis geschaut, ist;
2. in dem Character der Unmittelbarkeit der Erkenntniss im Gegensatz zur Reflexion bei **Schelling** und der Ratio bei **Spinoza**, die nur mittelbare Erkenntniss, logische Methoden sind;
3. in dem Grad der Gewissheit, — höchste Evidenz — der beiden zukommt.

II. Die Empirie.

Für den Empiriker wird das unmittelbar zu Erkennende, das ἄμεσον des Aristoteles, immer das concrete Object, die einzelne Erfahrungsthatsache, das Bedingte sein. Für den speculativen Philosophen ist das ἄμεσον das Absolute, das Unbedingte. Die Empirie kann daher in Systemen von speculativem Character, wie das **Spinoza's** und **Schellings**, von keiner systematisch wesentlichen Bedeutung sein.

---
[1] S. W. I. 4. Fernere Darst. 369.

Für Schelling verwandelt sich das Naturerkennen, da er die beiden coordinirten Zweige Transcendentalphilosophie und Naturphilosophie aus dem einen Stamme der Identitätsphilosophie entspringen lässt, in eine Construction der Natur, d. h. in eine Wissenschaft der Natur a priori. Er sagt diesbezüglich[1]):
„Denn wenn in jedem organischen Ganzen sich alles wechselseitig trägt und unterstützt, so musste diese Organisation als Ganzes ihren Theilen präexistiren, nicht das Ganze konnte den Theilen, sondern die Theile mussten aus dem Ganzen entspringen". An diese organische Naturauffassung knüpft er weiter die Folgerung an: „Nicht also wir erkennen die Natur a priori, sondern die Natur ist a priori, d. h. alles Einzelne in ihr ist zum voraus bestimmt durch das Ganze oder durch die Idee einer Natur überhaupt. Aber ist die Natur a priori, so muss es auch möglich sein, sie als etwas, das a priori ist, zu erkennen" ....

Es ist also, wie hier Schelling implicite ausspricht, eine rein speculative Physik möglich, wie eine speculative Transcendentalphilosophie möglich ist. Schelling verwahrt sich zwar[2]) gegen die Deutung, als lehre er, dass die Naturwissenschaft der Empirie ganz und gar entbehren könne und „ohne alle Vermittlung derselben ihre Sätze aus sich selbst herausspinnen könne", indem er erklärt, dass wir ursprünglich Alles nur durch Erfahrung wüssten. Aber dieses Erfahrungswissen hat für ihn keinen Werth, denn es ist nur ein historisches Wissen. Erst durch die unmittelbare oder mittelbare Einsicht in die innere Notwendigkeit solcher Kenntnisse

---

[1]) S. W. I. 3. Einl. zum Entwurf etc. 278.
[2]) Ibid.

werden die Erfahrungssätze Sätze a priori und dadurch erst von philosophischer Gültigkeit. Da in der philosophischen Construction, welche die Darstellung des Allgemeinen und Besonderen in der Einheit ist, die Einzeldinge in ihrer Besonderheit und Zufälligkeit, auf die allein historisches Wissen gehen kann, gar keine Stelle finden, so erstreckt sich das Feld der Empirie nur auf die natura naturata in ihrer Trennung von der natura naturans.

„Die Empirie", erklärt Schelling[1]), „geht allein auf die Natur als Object, als blosses Product, auf die natura naturata, während die Natur als Subject, als Productivität, die natura naturans speculativ oder theoretisch erkannt wird".

Die Empirie ist also nur für das gemeine Bewusstsein von Werth, für welche es auch die Data der Erfahrung bleiben, für die philosophische Betrachtung sind die letzteren werthlos, da sie ihrer nicht bedarf.

„Da ferner der innere Typus aller Dinge wegen der gemeinschaftlichen Abkunft einer sein muss, und dieser mit Notwendigkeit eingesehen werden kann, so wohnt dieselbe Notwendigkeit auch der in ihm gegründeten Construction bei, welche demnach der Bestätigung der Erfahrung nicht bedarf, sondern sich selbst genügt und auch bis dahin fortgesetzt werden kann, wohin zu dringen die Erfahrung durch unübersteigliche Grenzen gehindert ist, wie in das innere Triebwerk des organischen Lebens und der allgemeinen Bewegung".[2])

An dieser Stelle drückt sich die Geringschätzung des empirischen Moments schroff aus und die Einseitig-

---
[1]) Ibid 284.
[2]) S. W. I. 5. Ueber die Meth. 325.

keit der Speculation in ihrer absoluten Methode tritt hier ins grellste Licht.[1] Diese absolute Methode allein, mit Ausschluss der analytischen und synthetischen, kann der Philosophie und ihrer Aufgabe, der Construction im Absoluten, genügen. Sie ist die Darstellung des Besonderen in der schlechthin betrachteten, d. h. an sich oder intellectuell angeschauten Form.[2] Sie behält immer das Ganze im Auge, betrachtet jedes Stückwerk einzelnen Wissens nur im Lichte der Totalität, im Zusammenhang des Ganzen, und erkennt die Dinge daher nicht in ihrem empirischen Dasein, sondern in ihrer Idee. In einem System aber, wo die absolute Methode herrscht, hat die Empirie keine erkenntnisstheoretische, noch methodologische Bedeutung, weder als Ausgangspunkt für höhere Erkenntniss, noch als bestätigendes Moment nach vollzogener Construction.

Eine ähnliche Rolle spielt die Empirie bei Spinoza. Die Erfahrung ist nach ihm nur ein Anstoss, aus dem gemeinen Bewusstsein heraus sich zu einer philosophischen Welterkenntniss zu erheben und nach dem Wesen der Dinge zu forschen. Nur zur Erkenntniss des Daseins der Modi nützt uns die Erfahrung; nur wo die Imaginatio Scheinobjecte, Einzeldinge in zeitlicher und räumlicher Bestimmung erkennt, ist das Feld der Empirie. Das Absolute und seine Attribute entziehen sich der empirischen Erkenntniss.

„Respondeo nos nunquam egere experientia nisi

---

[1] Wie sehr Schelling auch in den einzelnen Disciplinen jede empirische Forschung, gemäss seinem principiellen Standpunkte und seiner Methode der Construction, verwirft, zeigt in Bezug auf Psychologie eine Stelle in „Ueber die Methode des akademischen Studiums", Seite 270.

[2] S. W. I. 4. Fernere Darst. 408.

ad illa quae ex rei definitione non possunt concludi ut ex. gr. existentia Modorum: haec enim a rei definitione non potest concludi. Non vero ad illa, quorum existentia ab eorundem essentia non distinguitur, ac proinde ab eorum definitione concluditur. Imo nulla experientia id unquam nos edocere poterit: nam experientia nullas rerum essentias docet, sed summum, quod efficere potest, est mentem nostram determinare, ut circa certas tantum rerum essentias cogitet. Quare, cum existentia attributorum ab eorum essentia non differat, eam nulla experientia poteremus assequi".[1])

Der Weg der wissenschaftlichen Erfahrung ist inductiv, er geht von der Kenntniss der Wirkung zur Kenntniss der Ursache, vom Besonderen zum Allgemeinen. Spinoza aber zeichnet in Axiom IV Eth. I den Gang seiner Methode gleichsam vor: „effectus cognitio a cognitione causae dependet et eandem involvit".

In einem System, das von der ersten Ursache, der intuitiv erkannten causa sui ausgeht und in streng synthetisch-deductiver Ordnung die Wirkungen, vom Einfachen das Zusammengesetzte ableitet, kann selbstverständlich die Empirie weder von methodologischer noch erkenntnisstheoretischer Bedeutung sein. Spinoza und Schelling verwerfen sie also Beide.

b. Verschiedenheit.

I. Die intellectuelle Anschauung und die cognitio secundi et tertii generis.

Schellings intellectuelle Anschauung ist die unmittelbare Erkenntniss des Absoluten, in ihr vollzieht

---
[1]) Ep. X (olim XXVIII).

sich die Indifferenz von Subjectivem und Objectivem, wodurch sie zum formell-absoluten Ausdruck des Absoluten wird. Da aber zur Idee des Absoluten Identität der Form und des Wesens gehört, die intellectuelle Anschauung absolute Form des Absoluten ist, so muss sie die absolute Identität selbst sein. In der intellectuellen Anschauung vollzieht sich also nicht bloss die formelle Indifferenzirung von Natur und Geist, Objectivem und Subjectivem, sondern die Identification von Form und Wesen, wodurch das Absolute selbst realisirt wird. Sie ist daher „die absolute Ichheit", „der Einschlagepunkt des Unendlichen ins Endliche".[1])

So sagt Schelling:

„Die Einheit des Denkens mit dem Sein ist also nur in der Idee und in einer intellectuellen Anschauung absolut, in der der That aber oder in der Wirklichkeit immer nur relativ".[2]) — „Indem die Vernunft aufgefordert wird das Absolute weder als Denken noch als Sein und doch zu denken, entsteht für die Reflexion ein Widerspruch, da für diese alles entweder ein Denken oder ein Sein. Aber eben in diesem Widerspruch tritt die intellectuelle Anschauung ein und producirt das Absolute".[3]) — „In der intellectuellen Anschauung ist das Produciren des Objects und das Anschauen selbst absolut Eines".[4]) — „Nur in der Form aller Formen wird das positive Wesen der Einheit erkannt, jene aber (die absolute Form) ist uns als die lebendige Idee des Absoluten einverleibt, so dass unsere Erkenntniss in ihm und es selbst in unserer Erkenntniss ist und wir in ihm

---
[1]) S. W. I. 4. Bruno 325.
[2]) Ibid.
[3]) S. W. I. 4. Fernere Darst. 391 ff.
[4]) S. W. I. 3. Syst. d. tr. Ideal. 369.

so klar zu sehen vermögen, als wir in uns selbst sehen und alles in einem Lichte erblicken, gegen welches jede andere, besonders aber die sinnliche Erkenntniss tiefes Dunkel ist".[1])

Dieser Act der intellectuellen Anschauung, worin das Absolute sich realisirt und in unsrer Erkenntniss ist, wie diese in ihm, erinnert an jene Schulen Alexandriens, in denen die griechische Philosophie vermischt mit jüdisch-orientalischen Einflüssen ihre letzten Triebe in theosophischer Speculation entfaltet, ehe sie in dem theologischen Gedankenkreis der Scholastik verschwindet. Nach Philon, dem jüdischen Philosophen, gibt es ein höheres Erkenntnissvermögen als das begriffliche, das er $\delta\epsilon\acute{\iota}\tau\epsilon\rho\sigma\varsigma\ \pi\lambda\sigma\tilde{\upsilon}\varsigma$ nennt, nämlich das unmittelbare Erfassen der Gottheit, des wahren Seins. Dieses vollzieht sich in der Anschauung Gottes, in einem Heraustreten aus dem endlichen Selbstbewusstsein und sich Versenken in die Gottheit. Auch Plotin, der Neuplatoniker, lehrt, dass die Erkenntniss des $"E\nu$ nicht durch Denken möglich sei, welches bloss eine Vorstufe zu derselben bilde, sondern sich nur durch den Act eines unmittelbaren Anschauens des Urwesens vollziehe. Doch ist diese höchste Erkenntniss nicht bloss Anschauen, sondern vielmehr $\check{\epsilon}\varkappa\sigma\tau\alpha\sigma\iota\varsigma$, ein Zustand der vollsten Seligkeit und des Einswerdens mit dem $"E\nu$. Eine verwandte Auffassung tritt uns zur Zeit der Renaissance, vornehmlich bei Nicolaus Cusanus (von der Eckhardt'schen Mystik und der neuplatonischen Doctrin beeinflusst) und bei Giordano Bruno entgegen. Ersterer nimmt eine unmittelbare Erkenntniss Gottes, eine Speculatio oder intuitio intellectualis an, welche, wie er betont, auf Gott als die Einheit des Entgegengesetzten, die oppositorum coincidentia

---

[1]) S. W. I. 4. Fernere Darst. 404.

gehe. — Auch bei Bruno[1]) kommt ein Erfassen Gottes nicht durch „Begreifen", sondern durch eine Species intelligibilis, ein intuitiv angeschautes Bild zu Stande. Die Vernunft betrachtet sich selbst und die Einheit, die sie in sich wahrnimmt, schaut sie nun auch in der objectiven Welt, im Universum. Sie versenkt sich in diese Anschauung und empfindet das seligste Entzücken. Wenn wir von den mystischen Elementen absehen, welche bei Bruno dieses Denken Gottes als Einheit der Welt geschöpft aus der subjectiven Einheit in der Vernunft umgeben, so könnten wir von einer gewissen Aehnlichkeit mit der transcendentalen Apperception Kants sprechen, insofern diese als ursprünglich synthetischer Act, als das Vermögen a priori zu verbinden, der Einheit in den Vorstellungen der Gegenstände zu Grunde liegt. Bei Kant ist die Einheit des Selbstbewusstseins allerdings nur Bedingung der Erfahrungsurtheile, die nur auf Phänomena gehen können mittelst Anwendung der Kategorien; während bei Bruno, gemäss seinem principiellen Standpunkt, die in der Vernunft erkannte Einheit zu einer metaphysischen Einheit, zu Gott als dem Universum immanent, wird. Kants Einheit der Apperception wird bei Fichte wieder zur intellectuellen Anschauung, zur Urthathandlung, zum reinen Ich. Sie ist das unmittelbare

---

[1]) Die Verschmelzung von Spiritualismus und Pantheismus, von Immanenz der Dinge in Gott und pluralistischer Vertheilung des Göttlichen in unendlich viele Einheitscentren oder Monaden, die ganze Conception Bruno's ist mehr poetisch als streng philosophisch. Wenn auch systematisch unfertig, enthält seine Philosophie dennoch eine Fülle fruchtbarer Gedanken, die in späteren Systemen weiter keimen. Spinoza, wie man jetzt allgemein zuzugeben geneigt ist, Leibnitz, sowie Schelling knüpfen je nach ihrer intellectuellen Eigenart an diese oder jene Auffassung Bruno's wieder an.

Bewusstsein, dass ich handle (Kants: ich denke) und dessen, was ich handle (Kants: Entstehen des Erfahrungsobjectes), ein Act der reinen Spontaneïtät, in dem das reine Ich als Subject-Objectivität entsteht. Von dieser intellectuellen Anschauung Fichte's stammt die Schelling'sche Vernunftanschauung ab. Bei Beiden entsteht die intellectuelle Anschauung durch Abstraction von allen Bestimmungen des empirischen Bewusstseins und zwar durch einen freien Act, wodurch sie sich von der sinnlichen Anschauung, in der wir uns stets gebunden fühlen, unterscheidet. Das Entstehen dieses obersten Princips und unser gleichzeitiges Erkennen desselben ist ein Characteristikon der Fichte'schen und Schelling'schen intellectuellen Anschauung.[1])

Die scientia intuitiva als unmittelbare Gotteserkenntniss ist nach Spinoza nur dadurch möglich, dass Gott selbst Ursache aller Erkenntniss ist und wir so von Natur mit ihm vereinigt sind, dass wir ohne ihn weder bestehen noch begriffen werden können, sie ist also eine Folge des Immanenzverhältnisses des menschlichen Geistes, der als Modus in der Substanz unter dem Attribut des Denkens ist.

---

[1]) „Eine Anschauung, in welcher das Producirende mit dem Producirten eines und dasselbe ist", ist eine intellectuelle Anschauung, erklärt Schelling im „System des transcendentalen Idealismus", Band 3 Seite 369. und weist bei den näheren Ausführungen auf Fichte, der Uebereinstimmung bewusst, hin. Im „System der gesammten Philosophie und Naturphilosophie insbesondere", Band 6 Seite 154. verwahrt sich Schelling gegen die Annahme einer Gleichheit seiner eigenen und der Fichte'schen intellectuellen Anschauung. Er wirft Fichte vor, dass seine intellectuelle Anschauung nur die Gleichheit des Subjects und Objects des empirischen Selbst, also eines Gegenstands des inneren Sinns sei, während ihr Object nur ein Unendliches, durchaus Unbegrenztes, von sich selbst Affirmirtes sein könne.

"Hieraus nun", sagt Spinoza[1], "weil zwischen Gott und uns eine so enge Verbindung stattfindet, erhellt, dass wir ihn unmittelbar erkennen können".

Diese unmittelbare Erkenntniss ist eine Vereinigung mit dem Absoluten, ein Einswerden des individuellen Geistes mit der Vorstellung Gottes in Gott, aber kein Produciren des Absoluten wie bei Fichte-Schelling.

Auch findet der mystische Zug der alexandrinischen theosophischen Speculation in seinen Gefühlsmomenten einen Nachhall bei Spinoza, der bei Schelling fehlt. In der intellectuellen Liebe zu Gott, welche aus der scientia intuitiva entspringt[2], kehrt bei Spinoza das Liebes- und Seligkeitsmoment der neuplatonischen ἔκστασις und des eroico furore Giordano Bruno's in ähnlicher Kraft wieder.

Eine weitere Differenz der Anschauungen beider Philosophen knüpft sich an die intellectuelle Anschauung und die scientia intuitiva bezüglich ihrer Zugänglichkeit. Erstere ist an das Vorhandensein des philosophischen Sinns als ihrer Bedingung geknüpft. Wie man z. B. nicht erwarten kann, dass Jedermann Sinn für Poesie habe, so auch nicht für Philosophie; das hängt vom Vorhandensein oder vom Mangel des betreffenden Organs ab. Nur wer das Organ des transcendentalen Denkens besitzt, kann sich zur intellectuellen Anschauung erheben, wer sie nicht kennt, bei dem ist dieses Folge von "Mangel des Organs"[3] und in ihm ist "die Vernunft noch nicht zur Klarheit ihrer Selbsterkenntniss

---

[1] Tract. brevis de Deo etc. Theil II, Cap. XXII.
[2] Vergl. Eth. V. Prop. XXXI Schol., Prop. XXXII: Tract. brevis de Deo etc. Theil II, Cap. II und XXII.
[3] S. W. I. 3. System des transc. Ideal. 351 und 370.

gekommen".[1] Schelling macht also in seinen früheren Schriften die intellectuelle Anschauung bei dem Einzelnen abhängig vom Grade seiner philosophischen Befähigung.

Nach Spinoza hingegen ist die adäquate Erkenntniss Gottes allen Menschen gemeinsam und nicht der ausschliessliche Vorzug besonders Begabter: "Non ex accidenti, sed ex ipsa natura Rationis oriri, ut hominis summum bonum omnibus sit commune .... Pertinet namque ad mentis humanae essentiam adaequatam habere cognitionem aeternae et infinitae essentiae Dei".[2]

Allerdings lehrt Schelling später, dass jedes Vernunftwesen zu der unmittelbaren Erkenntniss Gottes gelangen könne[3] und bringt diese Möglichkeit mit ethischen Eigenschaften in Beziehung. "Denn", sagt er, "die Erkenntniss des Absoluten läugnen, heisst zugleich Tugend, Religion läugnen". Ferner nennt er die Theisten die eigentlichen Atheisten und erklärt: "dass Gott für sie ausser ihnen und sie ausser ihm sind, ... ist nicht ihre Meinung, sondern es ist ihre Schuld".[4]

So wird die intellectuelle Anschauung gleichsam zu einem ethischen Postulat und als das höchste Ziel, das jeder erreichen soll, gefordert. "Das höchste Ziel für alle Vernunftwesen ist die Identität mit Gott" und durch diese wird der Friede mit Gott, die Vergebung der Sünde erlangt. Hier in der practischen Philosophie, in der Construction der idealen Welt in ihrer zweiten Potenz (Handeln), sehen wir Schelling die adäquate

---

[1] S. W. I. 6. Syst. d. ges. Phil. 154.
[2] Eth. IV, Prop. XXXVI Schol. Vergl. Eth. II, Prop. XLVII Schol.
[3] S. W. I. 6. Syst. d. ges. Phil. 561.
[4] Ibid 562.

Erkenntniss Gottes als eine mögliche, in der vernünftigen Seele durch den Zusammenhang des Ewigen im Menschengeiste mit Gott — also wie bei Spinoza — gegründete, verlangen, die er in der theoretischen und ästhetischen Philosophie als eine besondere Fähigkeit, gleich der dichterischen Begabung, hinstellt.[1]) Während also bei Spinoza auf der Allen zugänglichen adäquaten Gotteserkenntniss die Tugend beruht[2]), macht sich bei Schelling ein Widerspruch zwischen theoretischem und ethischem Können geltend, den er in dieser Phase nur unbefriedigend, durch näheren Anschluss an Spinoza, zu lösen vermag.

Schelling kennt nur eine adäquate Erkenntniss, die intellectuelle Anschauung, Spinoza hingegen unterscheidet in der Ethik[3]) zwei adäquate Erkenntnissweisen, ratio oder cognitio secundi generis und scientia intuitiva oder cognitio tertii generis, von denen jedoch nur letztere eine unmittelbare ist. Coincidirt die scientia intuitiva, wie bewiesen, mit Schellings intellectueller Anschauung, insofern sie sich auf ihr Erkenntnissobject, auf Gott,

---

[1]) In den Lehrsätzen und Beweisen dieses Abschnitts, sowie in den übrigen des „Systems der gesammten Philosophie" etc., das erst im Jahre 1805 vollendet wurde, lehnt sich Schelling vielfach wörtlich an die Ausführungen Spinoza's an, obzwar auch andere Elemente sich darin finden, wie die Ideenlehre und solche, die sich dann zum Problem des Bösen verdichten und vier Jahre später in der Abhandlung über die Freiheit zu einheitlicherer Gestaltung gelangen. Obzwar diese verschiedenen Elemente von Schelling principiell verknüpft sind, so erinnert doch gerade die äussere Form und wörtliche Darstellung störend an Spinoza, so dass das spinozische Element aus dem Rahmen des Ganzen springt, wodurch dieses mehr als eine Verquickung verschiedener Elemente, denn als schöpferische Ineinsgestaltung erscheint.

[2]) Vergl. Eth. IV, Prop. XXXVI Schol. Prop. XXXVII. Dem.

[3]) II. Prop. XL Schol. II etc.

direct richtet, so tritt sie dennoch, sobald sie die ewigen Folgen in Gott, die Dinge als notwendige Wirkungen der unendlichen Substanz betrachtet, in gleiche Differenz zu letzterer, wie die ratio. Diese Differenz ergibt sich aus der entgegengesetzten Stellung beider Philosophen bezüglich der erkenntnisstheoretischen Bedeutung des Causalgesetzes.

II. Die Causalität.

Die wahre Erkenntniss der Dinge lehrt dieselben sub specie aeternitatis d. h. in ihrer unendlichen Verknüpfung und ihrer Immanenz in Gott betrachten. So sagt Spinoza[1]):

„Res duobis modis a nobis ut actuales concipiuntur: vel quatenus easdem cum relatione ad certum tempus et locum existere, vel quatenus ipsas in Deo contineri et ex naturae divinae necessitate consequi concipimus. Quae autem hoc secundo modo ut verae seu reales concipiuntur, eas sub aeternitatis specie concipimus" . . . . .

Indem wir von Gott als der intuitiv erkannten obersten Tatsache ausgehen und die Einzeldinge, als notwendige Folgen aus ihm, in ihm selbst erkennen, erfassen wir Gott als natura naturans und die Einzeldinge als ewige natura naturata. Wir erfassen sie aber ebenfalls sub specie aeternitatis, wenn wir mittelst der ratio die notiones communes gebildet haben, welche die den Dingen gemeinsamen Eigenschaften bezeichnen, und diese in ihrem ewigen Zusammenhang mit Gott darstellen und ableiten. Die Betrachtungsart ist dieselbe, nur beschränkt sich die ratio auf die natura naturata und ihr Ausgangspunkt ist nicht das durch Intuition unmittelbar Erkannte.[2])

---

[1]) Eth. V, Prop. XXIX Schol.
[2]) Uebrigens hat Ueberweg Recht zu sagen (Geschichte der

Die Auffassung der scientia intuitiva im Tract. brevis de Deo ist der intellectuellen Anschauung Schellings verwandter, da sie das anschauliche Moment sowohl in Bezug auf die Erkenntniss der Substanz selbst als auch der Einzeldinge mit Hinweglassung jedes Verstandesprocesses betont. Sie unterscheidet sich daher nicht unwesentlich von derjenigen Characteristik der Intuition, welche Spinoza in der Ethik gibt. Dass in letzterer Spinoza unter der 3. Art der Erkenntniss auch das Erkennen der Wirkung durch Ableiten aus der Ursache begreift, wenn es sich um intuitive Erkenntniss der Modi handelt, geht deutlich hervor aus Pars II, Prop. XLVII Schol. und Prop. XL Schol. II, wo er in Bezug auf die scientia intuitiva erklärt:

„Atque hoc cognoscendi genus procedit ab adaequata idea essentiae formalis quorundam Dei attributorum ad adaequatam cognitionem essentiae rerum".

Die Betrachtung sub specie aeternitatis als wahre Erkenntniss der Dinge im Unterschied von der Imaginatio, welche dieselben räumlich und zeitlich in ihrer Besonderheit und Trennung von Gott, in ihrem eigentlichen non-esse auffasst, ist eine Betrachtung der Dinge in ihrem causalen Zusammenhang. Dieser Erkenntniss sub specie aeternitatis, der Dinge in ihrem Zusammenhang mit Gott, ist auch die Methode Spinoza's vollkommen adäquat, indem er deductiv vom obersten Princip alle weiteren Folgen ableitet. Der natürlichen ewigen Verkettung der Dinge nach Ursache und Wirkung entspricht ihre Erkenntniss vermittelst des Causalgesetzes in seiner logischen Form von Grund und Folge.

Philosophie, 6. Auflage, III. p. 101), dass der Unterschied der 2. und 3. Erkenntnissart von Spinoza nicht zur vollen Klarheit erhoben worden sei.

Hat das Causalitätsgesetz grundlegende Bedeutung für die wahre Erkenntniss bei Spinoza, so wird es hingegen von Schelling als inadäquates Erkennen in die untergeordnete Sphäre der Reflexion verwiesen.[1]

„In der gewöhnlichen Betrachtung", sagt Schelling[2]), „heisst eben das wirklich, was zum Dasein und Wirken bestimmt ist durch ein anderes und inwiefern es bestimmt ist . . . . Diese Betrachtungsweise kennt aber überhaupt kein anderes Sein als das Sein der einzelnen Dinge und in Bezug auf diese hat sie vollkommen recht, jene Bestimmung durch anderes Sein zur Bedingung der Realität zu machen . . . . Ich sage jene Bestimmung, welche insgemein unter der Gestalt des Causalitätsgesetzes vorkommt, ist der höchste Ausdruck der Negation, des Nichtseins der einzelnen Dinge". — „Jenes Gesetz sagt aus, dass kein Endliches als solches unmittelbar aus dem Absoluten entstehen und auf dieses zurückgeführt werden könne". — „Ferner ist es offenbar, dass dieses Gesetz auf nichts, das an sich ist, anwendbar ist".

„Durch den Begriff der Ursache und Wirkung sondern sich für das reflectirte Erkennen die Dinge von dem Unendlichen ab und dauern, d. h. existiren, nicht auf ewige Art, wie im Unendlichen, sondern auf eine zeitliche, endliche".[3]

Die Aufgabe der Philosophie besteht nach Schelling[4]) nicht in einem Ableiten aus dem Absoluten oder irgend einem andern Princip, nicht in einem Deduciren der wirklichen Welt als solcher, sondern in einer Construction im Absoluten. Jene Gesetze, die als not-

---

[1] S. W. I. 4. Bruno 296.
[2] S. W. I. 6. Syst. d. gesammten Phil. 194 ff.; vergl. S. W. I. 6. Phil. und Relig. 41.
[3] S. W. I. 6. Syst. d. ges. Phil. 522.
[4] S. W. I. 4. Fernere Darst. 396.

wendige und allgemeine, wie das der Ursache und
Wirkung, die unmittelbare Möglichkeit der Erscheinungen
aufzeigen sollen, sind „wahrhaft Ausdrücke ihrer absoluten Nichtigkeit und Nichtwesenheit". Jene Gesetze,
sofern sie Bestimmungen der reflectirten Erkenntniss
sind, gehören selbst nicht minder als die Dinge, die durch
sie bestimmt werden, zur Erscheinung. — Diese Be-
schränkung des Causalitätsgesetzes auf Concretes, Endliches, das nur die Erscheinung, das Abbild der Idee
ist, ist eine Consequenz des Kriticismus Kants, nach
welchem das Causalitätsgesetz als apriorische Form des
Verstandes nur Gültigkeit für die Erscheinungen hat,
während das Ding an sich unter keine der Categorien
fällt. Während aber Kant den jenen Bestimmungen
immanenten Widerspruch bestehen lässt, dass das von
den Categorien unberührte Ding an sich den Stoff zu
unsern Vorstellungen liefert und so durch das Causalitätsgesetz von der Erscheinung zum Ding an sich die
Brücke geschlagen wird und dieses daher ein Glied des
Causalitätsverhältnisses, nämlich die Ursache, bildet:
löst ihn Schelling durch gänzliche Verwerfung des
Causalitätsgesetzes in Bezug auf unser Wissen um das
„An-sich", indem er dieses nur die intellectuelle Anschauung, nur durch eigenes Erleben als wirkliches Sein
erkannt werden lässt. Die intellectuelle Anschauung
schliesst also die Betrachtung mittelst des Causalzu-
sammenhangs gänzlich aus und Schelling gibt ausdrücklich als ihr Hauptkriterion die gänzliche Abwendung
von dem Causalgesetz und derjenigen Welt, in welcher
dieses gültig sein kann, an. Als Muster wissenschaft-
licher Erkenntniss gilt ihm daher die Mathematik, „welche
die einzige Wissenschaft bis jetzt ist, die ein allgemeines
Beispiel jener absoluten Erkenntnissart, die wir auch

die demonstrative nennen können, gegeben hat. Die geometrische Evidenz beruht auf der völligen Aufhebung des Causalgesetzes, sie erklärt nicht, z. B. wie es komme, dass in einem Dreieck dem grösseren Winkel immer die grössere Seite gegenüber liege, ... sie beweist, dass es so sei".[1])

Aber gerade in der Mathematik ist das Ableiten, das Folgern, das Schelling, wie oben erwähnt, verwirft, der eigentliche methodische Gang. Der Fortschritt in dieser Wissenschaft geschieht im Ableiten des Besonderen aus dem Allgemeinen, also in deductiver Verknüpfung der Folgerungen.

Auch Spinoza's Ethik ist eine Verherrlichung der mathematischen Methode, die er adoptirt, da sie ihm in ihrer strengen Ordnung die höchste Evidenz zu gewähren scheint, nicht aber weil die Substanz und die Modi bloss in einem mathematischen Verhältniss zu denken seien. Seine Forderung der Realdefinition, d. h. einer genetischen Definition, welche den Realgrund einer Sache enthält, scheint mir zu beweisen, dass für ihn das methodische Erkennen nur darum in einer Kette von Folgerungen, die vom obersten Princip abgeleitet sind, besteht, weil in der Welt der Dinge das Causalitätsgesetz herrscht, durch welches der unendliche Zusammenhang, die ewige Immanenz der Modi in der Substanz, als der wirkenden Ursache, sich ausdrückt.

III. Die ästhetische Anschauung.

Vernunft und Einbildungskraft sind bei Schelling ein und dasselbe, jene im Idealen, was diese im Realen.[2])

---
[1]) Ibid. 315.
[2]) S. W. I. 5. Ueber die Meth. 267.

Sie sind in der erscheinenden Welt Ausfluss von dem inneren Wesen des Absoluten, welches die ewige In-Einsbildung des Allgemeinen und Besonderen ist. „Das Einzige, wodurch wir fähig sind auch das Widersprechende zu denken und zusammenzufassen (ist) . . . die Einbildungskraft".[1]) Der Reflexion, dem in Gegensätzen sich bewegenden Denken, wird an dieser Stelle die Einbildungskraft, als das Einheit schaffende Vermögen unter Bestimmungen, die sonst der Vernunft gegeben werden, entgegengesetzt. Diese Auffassung hängt mit der Bedeutung der Kunst und des ästhetischen Momentes in der Philosophie Schellings, sowie mit der Productionslehre zusammen. Das oberste Princip ist absolute Identität in der Form ewiger Subject-Objectivirung, d. h. absoluter Thätigkeit. Dieser Process der Subject-Objectivirung erreicht seine höchste Entfaltung in einer Production, wo Producirendes und Producirtes, Bewusstes und Unbewusstes in objectiv dargestellter Einheit zusammenfallen und das Identische sich objectiv anschaut. Diese Production ist die 3. Potenz der ideellen Reihe, — das Kunstwerk. Da dieses für Schelling der Reflex der absoluten Identität ist, eine im Idealen sich wiederholende und objectiv gewordene Offenbarung des Absoluten, so muss die Einbildungskraft als schöpferisches Vermögen unter dem absoluten Gesichtspunkt mit der Vernunft als dem productiven Vermögen, das in der intellectuellen Anschauung das Absolute erzeugt, identisch sein.

Schelling versteht unter Einbildungskraft ein rein productives Vermögen und verwahrt sich dagegen, dieselbe mit der falschen Imagination oder regellosen Production sinnlicher Bilder zu verwechseln.

---

[1]) S. W. I. 3. Syst. d. transc. Id. 626.

Das Princip, von dem die ganze Philosophie ausgeht, ist das absolut Identische, das als solches schlechthin nicht objectiv ist, sondern sich bloss im Selbstbewusstsein, in der Vernunftanschauung, auf subjective Weise zu erkennen gibt. Wie soll dieses Identische nun objectiv gemacht werden und zu seiner Selbstanschauung gelangen?

„Dass es durch Begriffe", sagt Schelling[1]), „ebenso wenig aufgefasst als dargestellt werden könne, bedarf keines Beweises. Es bleibt also nichts übrig, als dass es in einer unmittelbaren Anschauung dargestellt werde .... Aber diese Anschauung, die nicht eine sinnliche, sondern eine intellectuelle ist, die nicht das Objective oder das Subjective, sondern das absolut Identische .... zum Gegenstand hat, ist bloss eine innere, die für sich selbst nicht wieder objectiv werden kann: sie kann objectiv werden nur durch eine zweite Anschauung. Diese zweite Anschauung ist die ästhetische".

Könnte die intellectuelle Anschauung nicht objectiv werden, so bliebe sie, als bloss im subjectiven Erleben vorhanden, dem Zweifel ausgesetzt, eine Täuschung zu sein. Durch die ästhetische Anschauung aber wird ihr eine allgemein anerkannte Objectivität zu Theil und die ästhetische Anschauung ist eigentlich nichts anderes als die „objectiv gewordene intellectuelle".

So unterscheidet also Schelling ausser der intellectuellen oder Vernunftanschauung, welche die subjective Offenbarung des Absoluten ist, noch die ästhetische oder wie man sagen könnte, die Anschauung der Einbildungskraft, mittelst der das Absolute objectiv

---

[1]) Ibid. 625.

sich darstellt und zu einer Selbstanschauung gelangt. Letztere kann nur in einem System, das, wie das Schelling'sche, dem Kunstwerk eine metaphysische Bedeutung verleiht, eine Stelle einnehmen und muss ohne jedes Analogon im Systeme Spinoza's sein.[1])

---

[1]) Siehe Seite 52, wo bereits der ästhetischen Auffassung Erwähnung geschah.

Schlusswort.

Nachdem wir die Uebereinstimmung und Differenz der Lehren Schellings und Spinoza's, sowohl in Bezug auf die principielle Grundlage als auch bezüglich der Gestaltung im Einzelnen, dargelegt und mittelst Belegstellen nachgewiesen haben, erübrigt uns noch die wichtigsten Ergebnisse kurz zusammenzustellen. Schelling, wie Spinoza, lehrt den Pantheismus, der Gott als das All-Eine dem Universum gleichsetzt und die Immanenz der Dinge, ihr wahres Sein, in Gott und ihr Nicht-Sein als Besonderes in Raum und Zeit. Schelling jedoch fasst das Absolute, Gott, nicht wie Spinoza als Natur, Substanz, sondern als absolute Vernunft, absolutes Erkennen, wodurch sein Pantheismus als idealistischer sich von dem realistischen Spinoza's unterscheidet. Das unendliche Wirken, die unendliche Causalität der Spinoza'schen Substanz wird bei Schelling zu einem Process der Selbstentwicklung, des Sichselbsterkennens, der absoluten Vernunft. Eine dem Neospinozismus im Vergleich zum Spinozismus eigenthümliche Lehre ist diejenige von den Potenzen und Ideen, welche Differenzirungen des Absoluten sind, letztere ideelle Subject-Objectivirungen desselben in der absoluten Vernunft, erstere Subject-Objectivirungen in der Erscheinungswelt.

Von dem specifisch Originellen der Spinoza'schen

Doctrin: 1. dem Parallelismus der Attribute, ihrem durchgängigen Gegensatz und ihrer Identität im Absoluten und 2. der Verwerfung des Zwecks in der Natur und des Zweckbegriffs in der Erklärung derselben, finden wir bei Schelling nur die erste Lehre in modificirter Form. Zwischen den beiden Attributen der Substanz und dem ideellen und reellen Factor herrscht eine gewisse Analogie, insofern die Factoren, wie die Attribute, unzertrennlich aneinander gebunden, als Gegensätze, die nicht auf einander wirken, stets einander parallel gehen. Andererseits jedoch entsprechen dem Denken und der Ausdehnung die Sphären des Geistes und der Natur, $\overset{+}{A} = B$ und $A = \overset{+}{B}$. Diese aber als ideelle und reelle Reihe bilden im Evolutionsprocess der absoluten Vernunft die höhere und niedere Potenz und stellen daher nicht zwei parallele Reihen, wie Denken und Ausdehnung, sondern eine fortlaufende Entwicklungslinie dar. Aus der Fassung des Absoluten als Vernunft und der Natur als Einheit des reellen und ideellen Factors ergibt sich bei Schelling die organisch-teleologische Naturauffassung, welche zur rein mechanischen Erklärung alles Naturgeschehens bei Spinoza in schroffem Gegensatze steht.

In der Erkenntnisstheorie finden wir eine Uebereinstimmung beider Philosophen hinsichtlich der Intuition als höchster Erkenntnissart und hinsichtlich der Empirie, welche Beide verwerfen, während das Causalitätsgesetz bei Spinoza von grundlegender Bedeutung für die Betrachtung der Dinge sub specie aeternitatis, d. h. als notwendige Wirkungen der Substanz, von Schelling als inadäquate Erkenntnissweise des discursiven Denkens, der Reflexion, erklärt wird.

Curriculum vitae.

Ich, Resa von Schirnhofer, bin geboren im Jahre 1855 zu Krems, Niederösterreich. Meine Eltern sind der k. k. Statthaltereirath a. D. Wilhelm Ritter von Schirnhofer und Therese von Schirnhofer geb. Scharinger. Nachdem ich den ersten Unterricht an den Schulen zu Znaym, Mähren, und Steyr, Oberösterreich, genossen und nachher zwei Jahre Zögling im k. k. Civil-Mädchen-Pensionat zu Wien gewesen, widmete ich mich während einiger Jahre theoretischen und practischen Kunststudien an der Kunstschule des k. k. Museums zu Wien. Im Herbste 1883 legte ich am Linzer k. k. Staatsgymnasium mein Maturitätsexamen ab und studirte dann mit Unterbrechung eines Jahres, das ich in Paris zubrachte, an der philosophischen Facultät der Zürcher Hochschule, von der ich nach bestandener Prüfung im Januar 1889 zum Doctor promovirt wurde.